U0628934

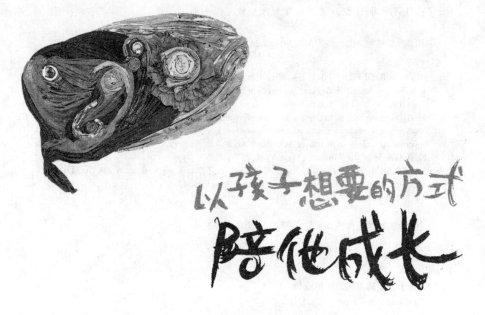

以孩子想要的方式
陪他成长

[美] 托娃·克莱因 （Tovah P. Klein, PhD）● 著

许青松●译

中华工商联合出版社

图书在版编目（ＣＩＰ）数据

以孩子想要的方式，陪他成长 /（美）克莱因著；许青松译. —— 北京：中华工商联合出版社，2015.12
书名原文：How Toddlers Thrive
ISBN 978-7-5158-1535-0
Ⅰ.①以… Ⅱ.①克… ②许… Ⅲ.①家庭教育 Ⅳ.①G78

中国版本图书馆CIP数据核字(2015)第282059号

HOW TODDLERS THRIVE：What Parents Can Do Today
for Children Ages 2-5 to Plant the Seeds of Lifelong Success by TOVAH P.KLEIN, PHD
Copyright：© 2014 by Tovah Klein
All rights reserved , including the right to reproduce this
book or portions thereof in any form whatsoever. For
information address Touchstone Subsidiary Rights Department,
1230 Avenue of the Americas, New York, NY 10020
Simplified Chinese edition copyright: © 2015 Beijing Zhengqing Culture & Art Co., Ltd.
Through Andrew Nurnberg Associates International Limited
All rights reserved .

北京市版权局著作权登记号：图字01-2015-8132

以孩子想要的方式，陪他成长
How Toddlers Thrive

作　　者：[美]托娃·克莱因
译　　者：许青松
特约策划：陈　静　尧俊芳
责任编辑：于建廷　臧赞杰
封面设计：平　平
内文设计：季　群
责任印制：迈致红
出版发行：中华工商联合出版社有限责任公司
印　　刷：北京画中画印刷有限公司
版　　次：2016年1月第1版
印　　次：2016年1月第1次印刷
开　　本：710mm×1000mm　1/16
字　　数：250千字
印　　张：18
书　　号：ISBN 978-7-5158-1535-0
定　　价：35.00元

服务热线：010—58301130
销售热线：010—58302813
地址邮编：北京市西城区西环广场A座
　　　　　19—20层，100044
http：//www.chgslcbs.cn
E—mail：cicap1202@sina.com（营销中心）
E—mail：gslzbs@sina.com（总编室）

工商联版图书
版权所有 盗版必究

凡本社图书出现印装质量问题，
请与印务部联系。
联系电话：010—58302915

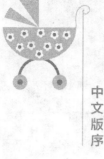

孩子，
从此以后，我们互相关照

在正式成为父母前，尽管我们也曾无数次幻想自己做爸爸妈妈的样子，也曾无数次幻想自己和孩子是多么相亲相爱、其乐融融，但直到今天，我们才会明白，现实总会与想象的不一样。

我们的幻想中，必定没有孩子满地打滚、尖叫着哭泣的场景，更别说这一幕还发生在大庭广众的地方；我们的幻想中，必定没有孩子前一分钟让我们"走远点"、后一分钟又紧紧抓住我们衣角的状况；我们的幻想中，必定没有半夜十二点，我们头发凌乱，看着就是不睡觉的熊孩子，只能心中默默流泪的抓狂。

是的，幻想很完美，现实却凶猛异常。我们怎么也想不明白，那个曾经人见人爱、乖巧无比的天使 baby，怎么就成了现在这个样？！为什么变得捉摸不定，一边表现着对我们的依恋，一边却又抗拒和我们在一起？为什么突然就有了那么多的鬼主意和坏脾气？

当孩子从婴儿变成幼儿时，育儿，也从此变成了一场战争。我们的口中开始有了抱怨，有了责怪，有了命令甚至奚落，我们开始简单粗暴地为孩子划定路线、描绘未来，甚至设定他们的性格和爱好。我们无视孩子的抗争，疲惫地拖着他们去我们认为正确的方向，只希望在某一天，当孩子成为一个卓越的人时，可以明白我们的用心良苦。

从来没有人告诉我们，其实，这一切还可以是另一副模样。也从来没有人告诉我们，孩子并不需要我们以这样的方式，陪伴他们成长。

是的，当孩子正式进入幼儿期后，确实会发生很大的变化，他们会乖张，会顶嘴，会喜怒无常，但这些，都是因为孩子正在成长。他们在这个阶段，开始经历很多个人生第一次，开始体会很多复杂的情绪，开始面对很多意外的波折。他们还没做好准备，这一切就已涌入他们的生活，而那些在父母眼中不可思议的表现，只是孩子在用自己的方式向我们发出求救信号："这是怎么回事？天哪，你们快来帮我想一想。"

如果这个时候，我们肯按捺住自己那颗几近崩溃的心，俯下身，去孩子的世界看一看，便会明白种种表象后，他们真正想要的是什么，害怕的又是什么；便会确信即便孩子不停与我们作对，但却仍然离不开我们的陪伴；便会明白哪些能力对于孩子的未来，才算得上是最关键的砝码。

理解是最好的礼物，爱与守护是最好的教养，养育孩子，不仅是让他变高变壮，还要以孩子真正想要的方式，陪着他，一起面对成长中的一切。孩子需要什么？他们所需要的，不是我们精心规划的那些路线，而是我们可以站在他们的角度，读懂他们内心的渴求，在他们想要自由时远远遥望，需要安慰时用力拥抱，手足无措时给予引导，然后，任他们成为他们愿意成为的样子。

这便是童年的另一种打开方式，这便是我们所能为孩子做的最好的事。虽然也会鸡毛蒜皮，也有鸡飞狗跳，也会有数不清的欢笑和吵闹，但一个充满理解的爱的童年，却让孩子储备了在未来足以高飞的能力。而我们，也在这个过程中，成功印证了本书不遗余力宣扬的育儿观点——用孩子想要的方式，陪他成长。

孩子，在你之前，我们并没有什么为人父母的经验，而你也是第一次做小孩，面对你，我肯定会手足无措，而面对我，你也会有种种不适应。未来的路上，就让我们互相关照吧。这一程的悉心陪伴，并不是为了能够陪你走得足够远，而是希望在某一天注定需要告别时，你可以拥有独行的力量。

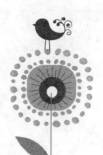

目录

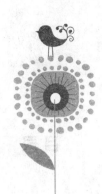

来，咱们一起到孩子的世界看一看

羞辱孩子是为了孩子好？大错特错！

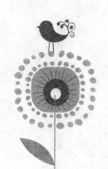

成长，本就是一堆鸡毛蒜皮的小事

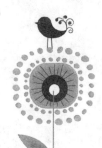

小小的身体，大大的情绪

孩子，欢迎来到这个瞬息万变的世界

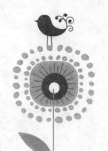

PART 8

学会与这个世界愉快地相处

PART 9

最好的陪伴，是让他们拥有独行的能力

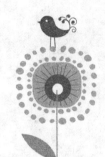

PART 1

我哭我闹，是因为我想让你知道

How toddlers thrive

每个父母都曾这么一路抓狂

对于玛雅的妈妈来说，天堂和噩梦只有一线之隔。

就在几天前，刚满 3 岁的玛雅突然一脸严肃地告诉妈妈："我现在已经是个大孩子了！"确实，这段时间以来，玛雅的变化很大，她已经完全学会自己上厕所了，而且她还主动搬出了小婴儿床，住进了"大公主床"。而更让人欣慰的是，在生日派对后的第一个星期一，玛雅竟然一醒来就兴高采烈地宣布："我要自己穿衣服！全都要自己穿！"妈妈简直不敢相信自己的耳朵，要知道，玛雅以前每次早上穿衣服，简直就像在打仗，单是挑选衣服的过程，都已经让人筋疲力尽了。但今天，玛雅突然宣布一切都要自己做了！

玛雅还真是说干就干，她一边说着："妈妈，快走开……我要给你一个惊喜！"一边将妈妈推出房门，然后她挑出了所有自己要穿的衣服——上衣、裤子、袜子，甚至连发卡都自己戴好了。十几分钟后，穿戴整齐的玛雅自豪地向全家人展示自己的"巨大成就"。在获得一致的称赞后，玛雅接下来开始吃早餐。往常每天早上都要上演的穿衣大战，真的不见了。

看着女儿，玛雅的妈妈心情顿时就有点小激动，认为自己总算熬过了玛雅最乖张的时期，即将迎来温馨甜蜜的全新亲子模式。而玛雅呢，一边和妈妈聊着天，一边开始往自己的小背包里放玩具，准备去上幼儿园。妈妈长舒了一口气，女儿的表现让她心情异常愉悦，她看了看表，时间还早，于是对玛雅提议："要不先读本故事书吧？"玛雅马上就点头同意了，她高高兴兴地挑出了一本，偎在妈妈怀里开始看书——这是多么亲密和谐的时光呀！

读着读着，她们翻到了书中的某一页，画面上的主人公正在吃粉色冰激凌，妈妈像往常一样，开始念起了图画旁边的文字。

这时候，玛雅突然高兴地跳起来："我也要吃冰激凌！"她边喊边跑向厨房，妈妈温柔地解释说，早上是不能吃冰激凌的，况且，家里也没有冰激凌了。话音刚落，让妈妈瞠目结舌的一幕发生了：玛雅的眼泪瞬间"飞"了出来，同时赖在了地上，号啕大哭。她坚持要吃冰激凌，甚至不停地在地上滚来滚去。

妈妈顿时头大了好几圈，她耐着性子又解释了一遍："家里确实没有冰激凌了，要不然，我在送你上学的路上给你买好不好？"

"不——嘛！"玛雅继续尖叫着，"我要粉色冰激凌！现在就要粉色冰激凌！"妈妈看着哭作一团的玛雅，觉得自己最后的一点耐心也用完了，她感到又无助又沮丧，最终不得不强行拽起赖在地上的玛雅，把她塞进外套、拉出家门、送去幼儿园。

路上，玛雅的妈妈怎么也想不通——这到底是怎么了？就在五分钟之前，我们还其乐融融，她甚至还会自己穿衣服，可现在，她怎么又变回到那个只会乱提无理要求的小宝宝了呢？！

上面这一幕，是不是非常眼熟？那种孩子前一分钟还乖巧懂事、后一分钟就开始撒娇要赖的情景，是不是似曾相识？是的，在很多人家里，都有着这么一位和玛雅一样让人挠头的宝贝，他们说哭就哭，说闹就闹，说生气就生气，但是有时候，他们又会表现得特别听话，特别懂事。每次我们刚热泪盈眶地欣慰："孩子真的长大了。"他就会以最乖张、最让人大跌眼镜的状态出现在我们面前，将我们前一分钟的想法立刻推翻。我们丝毫想不出理由，也丝毫拿不出对策。

天堂和噩梦，常常就是在一线间来回切换，我们时刻提着一颗心，生怕孩子们下一秒就会跳换到我们所不希望的状态。可偏偏，他们还真的就会立刻变成那个样。

如果你的孩子也有着这种状况，不要慌张，也别沮丧，要知道，千千万万家长也和你一样，生活在同样的"水深火热"之中，他们同样在育儿的道路上艰难跋涉着，每天试图让自己乖张的孩子恢复正常。育儿问题家家都有，不是只存在于你的身上，你所经历的，不过是一位母亲或父亲所必须经历的过程，而你身边那个让你又爱又无奈的熊孩子，也并非是你家的专利。

更何况，我们必须认识到一点，孩子虽然总是状况百出，但也并非故意让你如此抓狂。

时刻开启纠结模式的孩子们

几乎所有家长都有过这样的憧憬：能够有一本使用说明书，详细讲解一下孩子出现各种难搞的状况时，家长应该采取什么样的对策才最有效。

怀着这样的心思，不少父母开始观察自己的孩子，希望可以从孩子的表现中总结出一定的规律，比如什么时候会哇哇大哭，什么时候又会心情大好，从而掌握育儿的一定之规。

而事实上，每个想要摸准孩子规律的家长，最后都会沮丧地发现：孩子根本就没有规律可言！尤其是对于幼儿期的孩子来说，他们全天 24 小时都在开启纠结模式，这一秒，他们还无忧无虑、快乐地做着游戏，下一秒，他们却连自己的影子都害怕，只知道紧紧揪着父母的裤腿求助；这一刻，他们懂事，活脱脱一个小绅士、小淑女，下一刻，他们马上就不可理喻，大声尖叫哭号不止，而原因仅仅是因为父母把面包切得跟自己想的不一样；这一分钟他们还眼泪汪汪地黏着我们，下一分钟却把我们轰去一边；这一刻，他们表现得像彬彬有礼的大孩子，自己穿衣，自己吃饭，下一刻，他们又变成了弱小的婴儿，自己什

5

么都做不了；这一刻，他们哈哈大笑，手舞足蹈，下一刻，他们就哭哭啼啼，仅仅因为一句"不行"就情绪大爆发。

于是，这样的场景经常出现在各家各户："妈妈你走开……不，妈妈你快回来！""我讨厌这个！""不行，这个你不能拿走！"

没错，就是这样！无论我们多想摸清孩子的规律，都必须承认：**孩子的行为常常自相矛盾，他们总是处在纠结模式中**。每个孩子都是这样，尽管父母很想搞清楚他们的原理，但孩子毕竟不是家用电器，没有一成不变的运行程序，更没有使用说明和维修指南。他们会不停地从一个极端跳到另一个极端，一个状况转换到另一个状况。他们神秘莫测，让人筋疲力尽，跟他们打交道，可以说是件极具挑战性的事。

于是，每个家长的心中都存着一个疑问：孩子的情绪为什么如此摸不着规律呢？为什么我们全心全意爱着他们，却仍然无法搞清他们的想法呢？随着这些念头出现的，还有深深的挫败感，因为我们发现自己无论怎么努力，也无法让育儿过程变得轻松而井井有条，孩子总是有办法将我们刚刚构建起来的和谐局面，瞬间打破。

其实，家长们大可不必紧张，孩子们虽然喜欢纠结，但并非无法应对。要想搞清他们为什么一会儿东一会儿西，一会儿高兴一会儿又生气，父母就先要将自己的心态放平和，从生理和心理上全面理解孩子，这样才能搞明白他们的小脑袋里，究竟都在想着些什么。

不是孩子变坏了，而是他的需要没得到满足

第一次见到坦尼娅的时候，她还是个 2 岁的小萝莉，模样可爱，乖巧听话，又透着小女孩特有的敏感和娇羞。

坦尼娅是个很懂得自我保护的孩子，刚来到我们中心的时候，她每次都会先花点时间观察，然后再决定玩什么游戏，并且，她还会特意躲开那些横冲直撞的孩子，生怕他们碰到自己。为了让坦尼娅更好地融入进来，我和她的父母一起鼓励她，让她了解自己的身体状况，知道自己能玩些什么，不能玩些什么。就这样一年过去了，坦尼娅越来越自信，性格也开朗了不少。

一直到坦尼娅 3 岁半的时候，她都表现得一切正常，就在所有人都以为坦尼娅变成了一个开朗外向、充满勇气的孩子时，有一天，她的父母突然回来找我，并且神色十分沮丧。这对迷茫的父母说，前段时间坦尼娅一直显得很自信，很外向，也很容易交到朋友，父母都很骄傲她能有这样的表现，大家也都称赞她是个"可爱的好孩子"。不过，坦尼娅现在却有了新情况，她变了，开始变得"粗暴无礼"，而父母全然不知道这是为什么。

　　坦尼娅的妈妈告诉我："我们每天回家时要坐电梯，有一次，坦尼娅在电梯里遇到一位女士，对方问起坦尼娅叫什么名字。坦尼娅不但没有回答，还躲到我身后，非常大声地喊：'我不喜欢你，闭嘴！'现在我们再坐电梯时，只要一见到那位女士，即便人家还没出声，坦尼娅也会冲她大叫：'我不喜欢你！'我真是太尴尬了。我不明白，我的乖女儿怎么变成了个坏孩子！"

　　听完叙述，我劝这对焦虑的家长先放松心情，并且要始终相信自己的孩子，不要因为孩子几次看起来糟糕的表现，就认为她是个"坏孩子"，而是应该先搞明白，孩子的这种"坏"表现到底是为什么才出现的。

　　在很多成年人看来，坦尼娅的行为确实无礼且顽劣，但如果换个角度去看这件事，却会发现，她之所以会和以前的样子大不相同，并非是因为有了什么质的变化，或是变成了什么坏孩子，她只是被吓到了而已。

　　要知道，对于一个只有 3 岁半的小孩子，和陌生人一起进入拥挤狭小的电梯，可绝对不是什么让人舒服的体验，尤其是，挤在身边的那位陌生人，或许还有着让她不喜欢的长相，或者是做出了让她害怕的表情。幼儿期的孩子在情绪表达上往往直来直去，他们还不知道伪装，只会直接表达自己的这种不快，而这也就解释了，坦尼娅为什么会对陌生的女士大喊大叫，她不是真的想伤害对方，也不是故意让父母难堪，她只是在试图通过这种方式进行自我保护，仅此而已。

　　可显然，她的父母并不能明白她的这种想法，更不能明白她心中的那份忐忑和害怕，他们唯一的感受就是："哎呀妈呀，我的女儿怎么变坏了，这太让人难以接受了！"

碰到这类情况，父母们最常做的往往就是纠正自己的孩子："不能这么说，这是不对的！"或是为了面子，训斥自己的孩子："说什么呢！赶紧向阿姨道歉！"甚至为此惩罚自己的孩子："今天晚上的甜点你就别想了！"可年轻的父母们并没有意识到，在自己纠正、训斥和惩罚的过程中，对于那些脸上挂着泪珠、面对墙角面壁的孩子们，他们的**真实需要**，却一直没有得到满足，这才是最糟糕的情况！

实际上，孩子们之所以有时候会表现得混乱而狂躁，并不是他们故意使坏，让父母和别人难堪，而是因为在幼儿阶段，他们大脑的设置，注定了他们就会有这样的表现。

在幼儿期，孩子们脑子里各种看似矛盾的情绪会交替上场，一会儿他们觉得自己长大了，巴不得赶紧拥抱这个神奇的世界，一会儿又会突然被什么东西吓到了："外面的世界太危险了，我还是回我的儿童床上躺着吧！"一会儿他们觉得自己应该做个乖小孩儿，于是自己刷牙，自己上床睡觉，一会儿又忽然觉得自己还是小宝宝，绝对不能忍受一个人独处："什么？让我一个人在黑屋子里睡上一晚？你们是在开玩笑吧？"

这种在大人眼中类似于人格分裂的想法，放在幼儿期的孩子身上，却是再正常不过的事了，他们的生理和心理发育程度决定了，他们总会产生各种各样的需要，而这些需要经常是互相矛盾的，因此也就造成了他们情绪上的摇摆不定。而家长们经常犯的一个错误就是，把孩子当成迷你版的成人，以为孩子看待事物的想法跟自己是一样的，可以足够冷静地面对一切，可以想得足够多和足够周到，可以顾及各个方面。

如果你也这么想过，那就赶紧停止这样的想法吧！孩子就是孩子，他们不可能想得那么妥帖，他们只能考虑自己，只能考虑此时此刻发生的事，只能考虑自己想要被人照顾被人爱。

这个时候，家长应该做的，不是控制孩子的行为，也不是哄着他们、求着他们、用玩具和零食贿赂他们，以求让他们听话，更不是强行让他们按照所谓"好孩子"的标准去说话做事，要知道，孩子可从来不会乖乖变成我们希望的那个样子。父母要做的，是先要让自己冷静下来，耐心地搞清楚孩子到底需要些什么，然后满足他们，之后才谈得上去进一步引导他们的行为。

搞清孩子的需求并不难，只要我们肯从容地俯下身，倾听孩子的心声，就会发现，孩子身上那些顽劣的表现，其实正是他们表达内心渴望的信号。他们的调皮和不听话，不过是在向我们求助，与其批评孩子们的行为过于古怪难懂，不如去理解他们真正想告诉我们些什么，他们需要的又是什么。

孩子的需求到底从哪儿来？

每个孩子的需求各不相同，即使是同一个孩子，不同的情况下也会产生不同的需求，有时需要安全，有时需要自由，有时需要安静，有时需要热闹，对此，父母应该对症下药，根据不同的情况给予不同的回应，从而满足孩子们的各种需求。

然而不少父母都很想搞清楚，自己的孩子到底会有什么样的需求，那些奇奇怪怪的想法都是从哪儿生根发芽的，以便见招拆招，第一时间将孩子想要的给他。于是，一股"孩子的需求到底从哪儿来"的论战，多年来从学术界一直波及到家长圈中，尤其是身为父母的人，都想尽快弄明白，自家孩子的脑袋里，到底装着哪些需求，他们什么时候会要求这个，什么时候又会要求那个。

无论是专家学者，还是普通父母，对于孩子需求的探索可谓是不遗余力，甚至引发了两种截然不同的思潮，其一是觉得，孩子的需求主要来自于先天遗传，比如气质啦，天性啦，全和自己体内的 DNA 息息相关；其二则认为，孩子的需求其实是受后天主导，先天遗传其实没有用处，不信的话可以去看看，总统的孩子未必就能成总统，体育明星的孩子也未必就能健步如飞。

好多年来，这种类似"先有鸡还是先有蛋"的争论一直就没有停过，大家引经据典，常常争个面红耳赤，而在我看来，其实鸡和蛋，完全是可以同时存在的。

根据我 20 年来在幼儿教育一线工作的经验，辅以上千次的研究表明：先天和后天，共同决定了孩子会产生怎样的需求。

事实上，最新的大脑研究已经证实：先天和后天，并不是非此即彼的关系，而是相辅相成的。的确，在孩子身上，某些东西确实是天生带来的，比如气质。孩子的气质决定了他们情绪反应的程度是强还是弱，决定了对于外界环境是偏重敏感还是漠然，对事情是容易专注还是三分钟热度，但是，这些先天因素也只能决定孩子的一部分需求，如果我们迷信于此，那么孩子和孩子之间，也就如同生产线上的产品一样，几乎没有什么差异了。而事实是，即使是同一个家庭里，也没有两个一模一样的孩子，有时，他们甚至还会存在明显不一样，这就是先天并非唯一决定因素的明证。

孩子的需求同样也受后天影响，尤其是他们和父母的关系，更是对这种需求影响深远。比如一个孩子如果从小生活在一个严厉的家庭，或者遭遇了什么突发性的打击，那么他就势必变得敏感而脆弱，需求也就会更加多样而繁杂。

以上结论证明了什么？证明了家长们想要搞清孩子需求来源的做法，实在是在瞎耽误工夫！即便我们弄清楚了先天的影响，但谁又能控制后天发生的一切呢？与其希望追根溯源，统计清楚孩子需求的数量和种类，不如先将自己的心态放平和，尽量给孩子一个轻松愉快的环境，然后在孩子需要我们的时候，根据具体情况进行分析，给予他们所真正希望的。

我们无须在育儿的过程中像个战士一样，时刻精神紧绷，严阵以待，这种紧张的情绪对于亲子关系没有丝毫益处，我们只需要记住一点：**孩子需要被人爱，需要被人照顾，需要被人回应。**然后一切行为，都围绕着这一准则。

育儿的过程不是个简单的过程，期间会有煎熬，会有挣扎和不耐烦，但想想看，这也正是我们身为家长的担当，是我们为父为母所必须承担的责任。这时候，寻找对策，远远比抱怨和生气要重要。况且，不要以为只有父母辛苦，孩子就一定是无忧无虑的，事实上，无论孩子们被父母保护得多么好，在成长过程中，他们也都必须自己学着去处理很多未曾遇到的问题，自己去调节很多没有体会过的不快情绪，他们也在努力地面对这一切，自己学着长大呢！

不要催，孩子也在自我调节

说起来，孩子们的每一天过得都不容易，他们需要和很多新的、复杂的情绪对抗，比如愤怒、害怕、担心、悲伤、欢乐、自豪、羞辱等。而且，孩子们在受到各种情绪的轮番刺激时，常常根本不知道应该怎么处理，所以，他们才会歇斯底里地赖在地上，转瞬之间就毫无征兆地由喜转悲，或由喜转怒。

大人们认为孩子总是随心所欲地闹脾气，殊不知孩子自己也不想这样，谁不希望总是被人夸奖是个好孩子呢？谁不希望快乐地度过每一天呢？只不过，总有些事刺激着他们的情感，而他们又无法控制这样的快速变换，不闹脾气，还能怎么办？

不过，孩子们即使在哭哭闹闹的过程中，也并非什么都不做，他们自己也在缓慢，甚至是有些痛苦地学习着如何控制情绪、如何认识世界，简言之，他们也在学着自我调节，尽管他们会为此感到别扭，但却一直没放弃。

自我调节这个词，一般出现在成年人的心理学领域，但其实，对于孩子来说，他们也同样需要这样的能力。孩子通过自我调节，能控制住自己强烈的情绪和

14

想法，比如不乱发脾气；通过自我调节，孩子能从挫折中卷土重来，比如不因为积木城堡倒了一次就不敢再尝试。无论是对于成年人还是孩子，自我调节都不是一项简单的能力，它融合了情绪技能、认知技能、思考技能、社会性技能等众多关键的人生技能，也正因此，孩子自我调节能力的高低，就显得尤为关键。

毫不夸张地说：**一个孩子是否拥有良好的自我调节能力，决定了其未来的人生走向。**根据研究统计，自我调节能力强的孩子，在成年后往往能作出更加正确的决定，处理各种复杂的局面，并能集中精力解决困难问题，还拥有很强的自控力，能抑制住自己不恰当的行为。因此，父母在孩子幼儿期对这方面的培养，是在为孩子之后漫长的人生做着积极的积淀和储备。

那么问题来了，孩子身上这种极其、非常、特别、相当关键的能力——自我调节能力，到底又该如何培养而成呢？关于这一点，同样存在两种声音：第一种看法认为，孩子的大脑天生就有自我调节的功能，父母根本什么都不用做，只需要等到条件足够成熟时，自我调节能力就"啪嗒"一声，自己就开启了；第二种看法则认为，在孩子的自我调节能力上，父母和老师起到的作用功不可没，正是他们的存在，让孩子得以发展出这些技能。

我暂且不声明自己支持哪一种声音，而是先要为父母们介绍一下孩子大脑自我调节的原理，只有我们先明白在幼儿期，孩子们的小脑袋里到底发生了些什么，才能明白自己应该如何选择。

当我们的孩子从婴儿期进入幼儿期时，大脑才开始发育出那些控制着极重要技能的生理构造。虽然关于具体的发育细节，神经学专家们每年还在推陈出新，但人们普遍认为确实因为某些东西的存在，使得幼儿期既是幸福成功人生的关键，又是父母及孩子的共同挑战。

呃……其实不难看出来，对于这一次先天和后天之争，最后的结论依然是——鸡和蛋可以并存，先天诚可贵，引导价更高。

不过，这个结论可不是将两种意见随便一融合就得出的结果，而是有着翔实的、可信的科学依据。

在我们的大脑里，有着三大处理中心——脑核区，脑缘区，皮质区。其中脑核区和脑缘区负责情绪，而皮质区负责处理情绪。

与皮质区相比，前面的脑核区和脑缘区形成的神经连接更早、更完备，运转起来速度也更快。也正因此，所以我们全都是遇到事情先有感性的情绪，而后过了很久，才会产生理性的推理能力。

大人如此，放到孩子身上，这种差异则会更加戏剧化——准确地说，是更加可怕。所以，我们才会见到孩子前一秒还在号啕大哭，没等我们把纸巾递上去，他就已经咯咯笑了起来，只剩下我们定格在原地，在风中凌乱。

但是，孩子不会总这样的，他们也在努力不断成长，其中就包括努力提高自我调节的能力。而其中，父母的作用非常重要，我们每安慰引导孩子一次，他们脑子里搭建在"情绪"与"控制情绪"的那根小通道就会"啪嗒"连接一次，最开始，连接得会比较慢，然而父母鼓励、安慰等积极引导的次数越多，连接起来也就会越来越熟能生巧，最终，即使脱离开父母，孩子们也能自己完成这种连接了。

只不过，为人父母者，难免会有些拔苗助长的想法，我们总希望孩子能尽快学会控制自己的情绪，能掌握自我调节的技巧。然而，但凡是学习，就必然得有个过程，想想看，我们小时候哪怕学习穿袜子这样的技巧，不也是经过了很多次笨拙的尝试吗？即便是我们现在已经好几十岁，但也不可能次次都将同一件事情做得干净漂亮，比如上礼拜你打篮球时有个漂亮的灌篮，今天没准儿就把球扔到了邻居家的院子里。

　　对于我们的孩子，我们更要时刻提醒自己：不要急，给他点时间吧，他还是个孩子。

　　孩子们需要不停地体验、体验、再体验，才能掌握一个看起来简单的技能，就更别提控制情绪这么高难度的技巧了。他们需要的，是在每一次体验的时候，我们都能明白他们每一种情绪的出处，并且给予足够的回应："别怕，我陪着你呢，你很安全噢！""拼不上那块拼图，你当然很沮丧！不过你可以再试试，你一定会拼上的。"

　　很多父母都发现，2 岁左右的时候，孩子会开始出现自我意识，开始有了自己的喜好，并根据自己的喜好去做事。这是件可喜的事，证明我们的孩子长大了，但这也是件让人隐隐担忧的事，因为当自我意识出现的时候，我们孩子大脑的发育，其实才刚刚起步，他们没法进行周密的思考，没法控制情绪，没法足够礼貌地待人接物，也没办法及时为自己喊停。

　　父母们面对这个阶段的孩子，就像是握着一根水管，里面已经开始突突冒水了，但是用来调节的水龙头，却还是工匠手里的一块生铁呢。而这也就意味着——无论是孩子，还是父母，在共同塑造孩子自我调节能力的过程中，要经历一个很长的磨合过程。

怎么办？

最好的办法就是，父母在这时积极扮演一个组织者、一个调节人，然后等着有朝一日，孩子自己拥有组织和调节的能力。而这个过程中，最重要的一点就是学会**退一步**。

退一步？没错！就在不久之前，孩子还和我们寸步不离，他们躺在襁褓里，被我们抱在怀中，只要他们一哭，我们马上一个箭步冲上去喂奶喂饭、换纸尿裤，我们已经习惯了这样没有距离的育儿方式。但是，当孩子从婴儿成长为幼儿时，也就意味着，我们不能再用这种方式和他们互动了，我们需要退一步，减少一点对他们的贴身呵护，减少一点对他们的有求必应，给他们多一些时间，多一些空间，让他们逐渐走向独立。

孩子自我调节能力的形成，是一个千锤百炼的过程，作为家长，不妨将这视为一个艺术品铸件锻造成型的过程，我们可以守护在身边，却不要过多干涉，让孩子自己实现自然成长。我们所要做的是在孩子需要我们的时候伸出援手，让孩子们时刻感到自己始终被爱着，却也始终不会因此受到束缚。

每个成功的人，都曾是会犯错的孩子

这世界上，恐怕所有父母都对孩子的未来满怀憧憬。我们希望孩子幸福，希望孩子成功，希望孩子在这个残酷的世界里活得潇洒而滋润，希望他们在面对挫折的时候也能勇往直前、无往不胜。可以说，所有对于生活的美好期待，我们都赋予在了自己的孩子身上。

但事实上……孩子们才不管那套呢!

我们会发现，孩子越是长大，我们就越没办法强迫他们做任何事。我们所能做的，充其量只能是亲亲孩子，抱抱孩子，我们能想到的，充其量只能是爱着他们，甚至娇惯他们，或者帮孩子报名参加各种各样的活动，替他们制订出游度假计划，送他们上音乐课、外语课、健身课、足球课和芭蕾课，竭力把他们弄到最好的学校。

但是，请认真想一想：这些事情集合在一起，孩子就拥有了幸福吗?

答案是：不!

我们其实只是在以自己以为好的方法，去对待着自己的孩子，以自己以为幸福的模式，在勾画着孩子的人生，当他们表现得不情愿、不耐烦的时候，我们还会分外受伤，觉得真心错付，而实际上，孩子可从来没要求过我们做这些，一切都是我们一厢情愿。

问题到底出在哪儿了？

问题就出在，我们在用自己认为正确的方式，去左右孩子的成长。而孩子真正需要的，并不是这些。

尽管父母希望孩子长大后能幸福、善于调整、有适应能力和移情能力、能成为所期望的那个人，但自己却常常不知不觉、莫名其妙地就妨碍了孩子的成长。我们一方面爱着他们，一方面却又自以为是地给他们制定着各种条条框框，谋划各种人生路线，希望他们能顺应我们的期望。父母常常觉得，自己的所作所为都是为了孩子好，但事实上，他们那些一厢情愿的做法正在扼杀孩子自身的真正需要。

而这种扼杀，常常是从幼儿期就开始了。我们有意无意地想锻炼孩子，试图有计划有预谋地塑造他们的行为，想当然地期待他们会是怎样的人，将自己的意愿凌驾于孩子之上。我们剥夺了孩子认识自我的能力，让孩子无法按照自身的方式去探索世界、满足好奇心。我们消减了孩子的自己学习动力，将一切所谓正确答案直接告诉他们，希望他们零错误，却让他们无法自信地建立事物之间的联系。最最严重的是，我们不让孩子自己去调节情绪，而这项能力，正是他们未来成就学业，乃至获得成功人生的重要前提。

很多父母都不知道，孩子的一个重要特点就是，他们会自己考验自己，遇到问题时，他们也会想办法搞清怎样才能靠自己去完成任务。事实上，孩子正是通过错误来不断进行学习的，他们不停地犯错，就等于在不停地做着试验，希望借此弄明白自己的能力有多大，自己又究竟是怎样的人。是的，即使是"我是谁"这样的人生大命题，幼小的孩子们也在思考着，尽管他们的想法还很幼稚和散乱，但他们仍然努力地想搞清楚这一切。

但是，如果父母坚持总有某个"正确的方法"，那也就等于宣判了孩子的方法是错误的，剥夺了孩子向错误学习的机会，剥夺了孩子锻炼独立性的机会，更剥夺了孩子认识自我的机会。在育儿上，纠正错误和控制带来的效果往往是一样的，都会剥夺了孩子证明自己成长的机会，而孩子恰恰希望的，就是我们能看到并认可他们的努力。

孩子需要犯错，我们也需要让孩子犯错。孩子只有通过犯错，才能搞清楚自己到底能做些什么。可以说，孩子的学习完全依赖自己的错误，依赖一次次不计后果的试验和犯错。而对于正在兴致勃勃地探险和分享的孩子来说，我们的支持会让他获得安全感和被人尊重的感觉。

所以，想让孩子未来成为成功的人，就先要允许他们现在是一个会犯错的孩子。

然而必须明确的是，这里所说的成功，并不是今天习惯意义上的那种成功：做一名功课全优的学生，出类拔萃的运动员，功成名就的艺术家，划时代的商业革命家，诸如此类。以上这些尽管也可以称之为成功，但我更愿意这样来定义成功：**他是一个好奇的、自信的、能兴奋地探险身边世界的人；他是一个不**

怕犯错的人，既可以安全无虞地结交新朋友，又善于调整自己走出阴霾；直面人生的他既能自强自立，又能体贴他人。

这太美妙了，听起来甚至不切实际。

其实，这并非是不能完成的目标。

只要我们静下心，好好记住下面这 6 句话，这 6 点育儿秘诀，我们就可以做到既不干涉孩子、让孩子自己犯错，又让孩子在错误中实现自我调节、自己成长：

1. 不要慌张，要让孩子感觉到安全；

2. 不要焦虑，要聆听孩子，避免说教、命令孩子；

3. 不要控制，要允许孩子自由游戏、自主探索；

4. 不要过分纠正，要让孩子有机会去犯错、去失败；

5. 不要千人一方，要尽量理解孩子的个性，了解孩子特定时期的特定需要；

6. 不要一成不变，既要用界限来约束孩子，也要用爱来引导孩子。

虽然我给出了 6 条育儿秘诀，但育儿并不是公式化流程，不能分成第一步、第二步、第三步来管教孩子。育儿其实是没有一定之规的，规章条例保证不了孩子会好好表现乃至最终得到幸福。

我从事幼儿教育工作已经有 20 年了，接触过的父母和孩子累计有 10 万对，而迄今为止，我发现任何自以为是地干预孩子行为的做法，最后无一例外都是以失败告终。而我会致力于改变大家的育儿视点，会教大家如何从孩子的角度来观察世界，从而更准确、更清楚地理解孩子的需要，并给予恰当的回应。

而孩子呢，他们会随着时间的推移，开始学会如何靠自身来满足这些需要。当孩子在不断自我成长的时候，父母也在不断进步，这将是一个皆大欢喜的育儿过程。

不过，虽然我的育儿方法没有一定之规，但不代表松散无序，我会提供给父母们一套实用的育儿策略和构架。帮助父母更温柔地引导孩子，而且保证了孩子能真正从中受益，开始能控制自身的行为，学会如何去生活。

而根据神经学和心理学的最新发现，这些孩子在幼儿期建立起的调控能力，才是其构建成功人生的基础，是他们未来在学业和为人处事方面获得成就的保障。

常常有父母会很好奇："理论听起来是很美妙啦，但对于实际生活，真的有效吗？"下面这些来自父母的真实反馈，或许可以让大家略知一二。

有位母亲曾经这样跟我说起她的女儿："海伦娜过去总是很焦虑，不知道自己要穿什么衣服。如果我烦躁地冲她大喊大叫，那么她就会更不知道穿什么好，现在我明白了，这个看似简单的要求对她是多么艰难。所以，我决定给她一点时间，让她自己慢慢打定主意，现在她通常都很平静了，我想，海伦娜是在自己学着成长。"

还有一位父亲这样说："我很担心孩子软弱可欺，只会哭哭啼啼，他做不到的事情太多了，我害怕他是不是有什么毛病。但在托娃博士的帮助下，我知道了自己必须信任他，让他去犯错，去尝试，必须相信他自己能做到更多，而他确实想做得更多，现在他果然自信勇敢多了。"

父母在改变育儿视点的同时，在开始从孩子角度观察世界的同时，必须要先学着信任孩子。一开始的感觉可能很奇怪，甚至忧心忡忡到让人浑身不自在，但在走近孩子之后，在我们看透孩子的行为、理解他们真正的需要后，神奇的事情就发生了。父母们将变得平静又自信，而孩子则会慢慢学会如何疏导自身的情感，如何作出决定，如何信任自己——没错，这一切就发生在 2 岁到 5 岁的孩子身上。

我并不希望自己的书成为什么育儿手册或管教孩子的参考资料，我希望这本书能成为一本备忘录，温柔地提醒着父母们：怎样育儿，才能让孩子获得真正的幸福。

孩子并不需要父母以自认为正确的方式，左右他们的成长，而是希望父母能以孩子自己真正想要的方式，陪伴他们的成长。

育儿不应该是管教、控制孩子的行为，不应该是希冀孩子会变成我们期望的样子。相反，育儿应该是理解幼儿的独一无二，特别是在 2 岁到 5 岁的关键幼儿期，在这一阶段，父母应该引导孩子征服日常的挑战，比如吃饭、穿衣、交友、控制脾气等，并帮助孩子从中获得那些必要的可受用一生的能力，让其成为一个善于调整、体贴能干、可以直面人生浮沉的人，这才是我们身为父母，所真正应该做的事。

PART 2

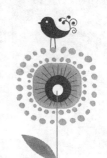

说一套做一套，这就是孩子的特权！

How toddlers thrive

孩子都有自己的小心思

这一天，对于泽维尔的妈妈来说，绝对难以忘记。因为就在这天，3 岁的泽维尔在课堂上大出风头……呃，确切地说，是大闹了一场。

一早，泽维尔就一反常态，他一脸的不高兴，显得非常烦躁，不再像以前那样安静地在教室里坐好，而是披着一件超人斗篷转来转去。老师问他怎么了，他却只告诉老师："我非常生气！"没过多久，泽维尔突然开始在屋子里横冲直撞，就像《侏罗纪公园》里的霸王龙一样蛮横，不仅如此，他还到处乱扔教室里的东西，全然不是以前规矩有礼的样子。大家都很诧异，小心翼翼地问他到底是怎么了，可是泽维尔只是大声喊着："我今天不想理你们任何人，因为我是超人！谁都别想接近我！"

放学时，当听说泽维尔的表现后，他的妈妈一脸尴尬，她说泽维尔最近不知怎么了，在家里也经常假扮超人，而且脾气特别暴躁易怒，但她并不知道这是为什么。听了她的话，我有些怀疑是不是泽维尔的家中最近发生了什么变化。他的妈妈回想了半天，觉得或许是因为自己找了份新工作的缘故，以前她是全职妈妈，而今上班已经有几个月了。我们都在猜测，或许是泽维尔发现妈妈突然天天都要工作，才会变成这样，不过很快，泽维尔的妈妈又提到了一件事："对了，还有件事，以前他每周去两次奶奶家，和奶奶还有兄弟姐妹们一起玩，不过最近有几个星期都没去了。"

"为什么？"我赶紧问。

妈妈解释说，因为奶奶要出门旅游一个月，那些兄弟姐妹们也会同行。

我觉得我找到答案了。

在泽维尔的心中，消失不见的不仅是小伙伴，还有亲爱的奶奶，他们就这么把自己抛下了，简直难以接受！在不少人的概念中，小孩子的情绪都是很简单，不可能会产生出类似"嫉妒"这样复杂的感受，但其实，在孩子心中，所体会到的情绪并不比大人们少。

比如披着斗篷、大发脾气的泽维尔，他之所以会做出这么一连串一反常态的事，就是因为他发现自己被奶奶和兄弟姐妹们"抛弃了"，而且自己对被抛弃的现实无能为力，于是他有了嫉妒。泽维尔希望自己可以变成掌控一切的超人，因为这样，他就能让奶奶和兄弟姐妹们全都回来了。

后来，我们试着让泽维尔在上幼儿园的时候，可以有机会发泄因奶奶和兄弟姐妹"抛弃"自己而郁积的怒气，也可以释放自己对他们的思念之情，我们尊重他各种各样的情绪需求。但同时，我们没忘了不断安慰他说："奶奶就快回来了。"

几天后，泽维尔不再板着脸，整个人都放松了不少，虽然他还爱玩超人游戏，但坏脾气明显收敛了许多。这个时候，我试着和他谈起了正在上班的妈妈，泽维尔嘟着嘴对我说，以前都是妈妈来接他放学，现在却换成了邻居，末了，泽维尔眼泪汪汪地趴在我怀里："我想妈妈了。"

看，孩子就是这样，他们反复无常的行为，毫无道理，实际上却都是正常的、情有可原的。孩子有时候不是不想表达情绪，而是那些情绪他们根本不知道是什么，更不知道怎么描述。孩子在学习语言的过程中，常常会词不达意，沟通得不是那么直接，不是那么能让大人理解。于是，他们就只能用大人们无法理解的方式去表达，结果就是父母们看得一头雾水，孩子们更加乖张。

所有孩子都会有消极情绪，而且也应该有消极情绪。他们遇到极端情况或超过承受限度时，就会失去控制，就会觉得不堪重负，会闷闷不乐，哭哭啼啼，甚至会情绪歇斯底里。所有这些，都完全正常，更准确地说，这些甚至全部都是他们身心健康的反映。身为父母，这时就要搞清楚孩子到底发生了什么，解读出他们真正的需要。

要记住的是，即使是看起来再乐天、再外向活泼的孩子，其实也都有着自己的小心思，可以说，每个孩子天生就拥有着"说一套做一套"的特权。在育儿过程中，我们需要时刻注意他们的异常，不要因为他们表现顽皮，而忽视他们内心的脆弱，孩子毕竟就是孩子，他们越是力图表现自己的强大，心里面其实越是需要我们保护和安慰。

孩子需要我们，孩子讨厌我们

尽管我们都很想陪孩子一直走下去，但必须承认，我们陪伴他们的时间终归是有限的。

在孩子呱呱坠地的时候，完完全全依赖我们，我们也同样每天都要给予他们无微不至的关心，从喝奶洗澡，到引逗玩耍，回应他们或大或小的各种需要。这是个极其重要的过程，只有给予孩子充分的回应，孩子才能明确自己是被人爱着的，是安全的，从而，才能确信自己是个值得被爱的人。一个孩子的自尊与自信，正是在这一阶段产生的。

但是，这种回应模式并非一成不变，亲子间这种亲密无间的、建立于婴儿期的依恋关系也迟早会发生变化。一旦孩子开始可以自己走来走去（基本上从一周岁开始），一旦他们开始自己去探索世界，他们就不再是那个一味依赖我们的小婴儿了，他们需要更多的自由，而这种自由，也总有一天会变成彻底的自立。

可以说：**孩子先要依赖我们，才能学会离开我们**。换个角度说，他们依赖我们，就是为了有朝一日离开我们。一开始，我们满足身为婴儿的他们的各种需要，用安全的怀抱和体贴的照顾，帮助他们获得必不可少的安全感。接下来，有了安全感的婴儿开始信任我们的守护，正是这种安全感和信任感，激励了他们在成为幼儿直至长大成人后，能振翅高飞，成功地离我们而去。

不过，那些都是后话了，现在让我们把目光调整回幼儿期。在幼儿时期，孩子和我们的关系常常比想象的要复杂，比如很多家长都说，自己家的孩子一会儿会不耐烦地赶跑父母，一会儿又会寸步不离求抱抱，这让家长很是迷惑：我的孩子到底是喜欢我陪着，还是讨厌呢？不少父母表示自己很难拿捏远近的分寸，以致一面对孩子就压力巨大。

可以肯定的是：孩子仍然是需要我们的。显而易见，孩子无论怎么吵闹，但仍然需要我们的爱，需要我们照顾他们，需要我们保障他们的安全。那个有待探索的世界确实令人兴奋，但那么大的世界，却也同样充满着不确定的、陌生的和让人害怕的东西！孩子们会因为世界那么大，所以想要去看看，但也会因为世界那么大，而被吓破胆。因此，幼儿期的亲子关系也更加至关重要，我们需要做好孩子背后的推手，但又需要时刻准备着拥抱他们。

而作为幼儿期的孩子来说，他们的大脑离成熟还有着十万八千里，他们的自我意识开始萌发，这让他们希望什么都能自己来，但因为能力所限，他们却不得不面对"自己能做的事实在太少，全靠自己是行不通的"这样的现实。是的，他们会发现离开了父母，自己连鞋都穿不上，就更别提探索世界了。想想吧，在现实和理想的差距面前，别说是孩子了，即便是我们，也会难免沮丧和迷茫。

所以，我们可以这么解读幼儿期的孩子们：他们并不是想真的完全靠自己，正相反，孩子只想不被打扰地去做自己想做的事，而我们则在不远处随时待命，只等他们一声召唤。

而这，也就是育儿极具挑战性的本质：孩子既追求独立，但又不能忍受孤独。也正因此，他们常常表现得阴一阵、晴一阵，既会大发脾气，但又会努力和其他小伙伴相处；既会把饭碗推到地上，也会乖乖自己上床睡觉，当然，还包括既会表现得巴不得想要离开父母，又会抱着我们的大腿不撒手。

这些看起来互相拧巴的现象，在他们身上完全可以实现共存，并且来回波动，因此，家长大可不必忧心忡忡地猜测孩子是喜欢自己还是讨厌自己，放心，他们永远爱你的！

不过，即使确定孩子爱我们，现在也还不是父母们长舒一口气的时候，2岁到5岁幼儿期的孩子们内心既想要离开我们，又希望依恋我们，他们"既黏人、又撵人"，并且这两种意愿同样强烈。所以，从很多方面看，幼儿期的孩子比以往任何时候都更需要我们，需要我们和他们一起面对这种情绪反复带来的挑战。

而这时候我们需要做的，就是读懂孩子矛盾行为背后的潜台词，并以他们想要的方式，予以回应。

比如上一周，孩子还迫不及待地要去上幼儿园，这一周，他却因为要出门上幼儿园而大发脾气，哭哭啼啼。那是因为，他在努力理顺乱成一团的情绪："我现在太知道出门是怎么回事了！即使我喜欢幼儿园，离开家也总是让我难受。"

昨天，他们还喜欢吃香蕉；今天，他们开始强烈排斥吃香蕉，他们尖叫着："你知道我讨厌吃香蕉的！"出现这样的情况，是孩子在努力搞清楚自己的想法，在弄明白自己的"主权"："要不要听妈妈的话？还是我自己说了算？我真的喜欢吃香蕉吗？还是因为妈妈让我吃，所以我就得吃？"

还记得上一章里，那个想要粉色冰激凌的小女孩玛雅吗？上一刻，玛雅已经是一个大孩子了；下一刻，玛雅好像莫名其妙就变小了，又退步成以前的那个小孩子。玛雅其实也正在做激烈的思想斗争："我想变成大孩子。我真的准备好了吗？我是不是太小了？我还是想做回小孩子，那多舒服啊。"要知道，幼儿期孩子的两大座右铭就是：**"我长大了"**、**"我还小呢"**。

父母们一定要记住，当孩子表现得既讨厌我们，但又离不开我们的时候，也就是他们情绪大爆发、却又不知道怎么控制的时候，也正是他们内心的需求产生矛盾的时候，这时候他们的脑子里其实是这样想的：

* 我想离开爸爸妈妈；哎呀，不行，我必须赖着他们。

* 我想要自由；哎呀，不行，我需要安全。

* 我喜欢爸爸妈妈；哎呀，不行，我还是有些生他们的气。

* 我得做个乖孩子；哎呀，不行，我就是得随心所欲。

* 我想和别人一起玩；哎呀，不行，这是我的。

* 我是个勇敢的大孩子了；哎呀，不行，我小着呢。

孩子的情绪就是这么天雷对地火，变化只在一瞬间。他们的情绪在两极之间来回波动，时而会表现得需要我们，希望我们成为他们的靠山，永远和他们站在一起，时而又觉得我们碍眼，妨碍了他们做这做那，于是大叫着让我们从他们眼前消失。

只不过，父母也并非读心术专家，更不会总保持耐心满格的状态，面对一会儿让自己过来、一会儿又让离开的熊孩子，难免会失去耐性，无法保持冷静。这时候我们能做的，就是说服自己，接受孩子对我们的予舍予求，明白这就是这个阶段孩子所必须面对的难题，更要懂得在这个过程中，孩子其实并非是任性，而是他们真的需要我们充分配合他们的需要。

所以，当下一次孩子轰你走的时候，你可以先离开，然后在附近默默观察，等待他需要我们的那一时刻，赶紧现身。要记住，幼儿期的孩子依然非常脆弱，需要我们的保护和支持，尤其当他们的能力越来越强的时候，我们就更不能撒手不管，而是绝对需要我们进一步的提示、指引和安慰。

而在提示、指引和安慰之前，我们先要做的，是调整好自己的心态。

我们热爱孩子，我们讨厌孩子

有这么一句话：一个孩子，足以让所有理智的大人现出原形。

这话说得真是没错，一个难搞的孩子，绝对可以让文艺女青年变成衣衫邋遢的愤怒妈妈，让帅气儒雅男变成头发蓬乱的绝望爸爸，只要是身上贴上了父母的标签，在育儿过程中，或早或晚，都会迎来这种抓狂到想哭的崩溃时刻。

或许在你的育儿之路上，也有过那种想要桌子一拍、奶瓶一摔、大喊一声："我不干了"的瞬间吧？每当这样的情绪涌动上来时，我们就会有深深的挫败感：不是说好了要成为快乐的父母吗？怎么现在会变成这样？

可见，育儿过程中，矛盾的何止是孩子，还有父母。

一方面，我们想让孩子快快长大，这样就不用再管他们的麻烦事，不用再费尽心力控制他们，也不用再理会他们古怪的脾气。另一方面，我们又想永远就这样抱着自己的孩子，享受那种被依恋的滋味。

人，即便是已经为人父母的成年人，有时候也并不那么清楚自己的情感。所以，在面对一个表现得既需要我们又讨厌我们的孩子时，父母情绪产生波动，也是再正常不过的事。而这种波动，即使是在相同情况下，在不同人之间，也会有所不同。

曾经有父母对我说过，当孩子对他们表现出一会儿需要、一会儿讨厌的时候，他们觉得很难受，内心担惊受怕，甚至愤怒而紧张；而还有的父母在面对同样的情况时，则会觉得很放松；还有些父母则是有时紧张生气，有时轻松淡定。

看！我们和幼儿期忽冷忽热的孩子们，并没有两样，我们也会在强烈而极端的情绪之间摇摆不定。

一位年轻的父亲对我讲过一件事，一次他想帮自己三岁半的女儿穿外套，他正兴致勃勃、一脸笑意地拿着女儿的外套时，却被女儿厉声喝止，她还一把抢过父亲手里的外套："你在干吗？我要自己穿！我都快四岁了！"

这位父亲伤心坏了："孩子不需要我了，我的世界都黯然失色了。"

看，即使孩子没有忽冷忽热，父母的心情也难免时悲时喜，但我们必须明白，幼儿期阶段的孩子就是这个样，他们需要独立性，也需要依赖性，他们需要一次又一次地确认："如果自己需要父母，那么父母就会出现、守护自己，不管事情有多么麻烦，不管我有多么生气烦躁，也不管我把父母撑得多远，他们都仍然在这儿守护着我。我并不是一个人。"

是的，孩子们的想法就是这样，但这不代表所有的父母都能对这样的现实百分百欣然接受。生活并不完美，总有些时候或有那么几天，当孩子需要倚仗我们的时候，我们正好特别疲惫或特别没有耐心。也许是因为孩子整天都在不停地"挑衅"我们，也许是因为我们刚刚挨过了漫长的一天，而孩子失控的情绪，就是那压垮我们的最后一根稻草。

于是，我们不让孩子爬上膝头来寻求安慰，也不想耐心地倾听他们的哭诉；我们粗暴地制止他们，大声地呵斥他们，或者命令他们安静下来："别再哭了！我受够了！"

道理我们都懂，但有时，就是压不住自己的暴脾气。

其实，这个世界上从来都没有完美的父母，我们都是普通人。**而作为幼儿期孩子的父母，我们却必须要让自己拥有一颗更加淡定从容的心。**我们要明白，这个时期的孩子，他们所需要的，和我们所需要的，常常是不一致的：孩子需要自己做主，需要探险，需要支持和安慰；而父母需要有自己的时间，需要孩子好好表现。

在孩子还是个婴儿的时候，我们可以允许他们有各种表现，但是一旦孩子成了幼儿，我们则必须给他们树立规矩，我们要帮助孩子学会如厕，学会放弃奶瓶和安抚奶嘴，学会有礼貌地交谈。而所有这一切"学会"，又谈何容易。

在这一阶段，一旦我们陷入了慌张，或者急于求成，或者是心情调节得不到位，我们就很容易做出看似为孩子好、实际上却伤害了孩子的事。父母一定要注意控制自身的意愿，有时，正是父母的意愿，才导致孩子的大发脾气和拒不从命。

比如，孩子想要自己穿鞋，但却一直磨蹭着不去穿鞋，或是总穿不好，而父母因为想按时出门，所以常会替孩子套上鞋子。如果孩子因此就歇斯底里，这确实会令人非常恼火，但我们要明白，这不能怪孩子，而是因为我们自己没处理好才造成了这样的局面，我们的代劳，破坏了孩子心中想要自主行动的愿望。

这个时候，我们需要调整自己的心情，进行积极的补救，要让孩子知道，不管情况是好是坏，我们都一直在守护着他们。孩子的内心最需要的就是这种信任感，需要知道我们不论顺境逆境都会照顾他们，如果我们不能做到，孩子就会因为风险太大，而不愿意去探险、去把握任何机会。

事实上，我发现父母的需要和孩子的需要之间，其实常常是存在冲突的。比如，总有父母因为孩子的睡觉问题来找我，他们因为"我觉得是时候了"，或者因为"他太大了，不适合睡婴儿床了"，所以让孩子搬出了婴儿床，但结果孩子却不愿意睡新床。

这便是父母的需要和孩子的需要不相匹配的一种情况，父母希望孩子能表现出大孩子的样子，不再用那些通常属于婴儿们的用品，但这时的孩子却还做不到。我遇到的一对父母也有类似的情况，他们的孩子用安抚奶嘴时总是睡得很好，可是等孩子长到 3 岁的时候，尽管只有睡觉时才用到安抚奶嘴，但父母觉得孩子够大了，可以不用安抚奶嘴就能自己睡觉了——毕竟，"他都 3 岁了"。于是，这对父母突然拿走了孩子的安抚奶嘴。

结果就是，他们不得不来找我，因为他们的孩子再也不能在该睡觉的时间去睡觉，即使入睡了，晚上也总是睡得很不踏实。显然，孩子对安抚奶嘴习以为常了，而父母想改变，想往前走。这里的问题不在于安抚奶嘴，而在于父母的需要和孩子的需要有了冲突。

还有个例子，4 岁的康拉德大发脾气，父母以前从没见过他这样。而原因就在于，这家人打算几周后出发，去拜访国外的亲戚，于是他们提前好几周作准备，并且跟康拉德兴致勃勃地谈论了这趟旅行和即将见到的人。我曾经建议这对父母别心急，更别讲太多和这次旅程有关的事，因为几周的时间对孩子来说，是一段很长很长的时间，这期间足以发生太多改变他们心情的事。他们却让我不用担心："康拉德喜欢早作准备。"

事实上，康拉德一开始确实很兴奋，他整理好了一个背包，里面装上了他想带上飞机的书和玩具。然而，随着时间的推移，康拉德的脾气越来越糟，一点点小事就会导致他情绪大爆发。终于有一天，妈妈问起康拉德，他是不是担心这次旅程。

"是的。"康拉德小声地承认了。

"你担心什么呢？"妈妈很奇怪，"我们会见到奶奶还有你的兄弟姐妹。"

这时的康拉德眼泪汪汪，"因为我不想变得那么小，我好怕。"

妈妈迷惑不解，不明白这是怎么回事，直到康拉德解释说："飞机飞上天之后，就变小了，我不想变得那么小，那样你就看不见我了！"他开始大哭起来。

如果康拉德的父母可以淡定些，不急着把这件事告诉自己的儿子，或许，孩子就不会产生这么奇奇怪怪的联想，并且由此影响心情。我们总说孩子长大了，但他们的思维其实仍然像个小小孩，作为父母，千万别拿自己的需求去做衡量标准，我们需要记住的就是这些！

对于控制自己的情绪——不管是做到不对调皮的孩子发火，还是在向孩子交代一件看似平常的事情时，我们都需要时刻保持良好的心态，我们必须从孩子的角度去思考问题，从容地找到和他们沟通的最好的方式，不要动怒，不要撒手不管，不要着急，更不要替他们作决定。

　　育儿就是这样，了解孩子的过程，也是我们了解自己的过程，每个父母都需要经过这样的修行，调整好心态，站在孩子的视角看问题，我们才能发现自己孩子的独一无二，并且找到沟通的有效途径。

每个孩子都不一样

世上没有一模一样的两片叶子，同样，也不可能存在两个完全一样的孩子。

而育儿的困难之处也在这里：每个孩子都不一样，他们的需求不一样，表达方式不一样，我们需要给予的回应也不一样。换句话说：适用于别人家孩子身上的育儿经，没准儿在你这里，根本就行不通。

对于很多家长来说，这简直是个噩耗——什么？既然没办法把别人的经验拿来就用，那我还在这学习什么育儿？我还看什么育儿书？

在我看来，这恰恰才是我们在这里学习育儿心得的目的——育儿，不是拿来主义地将别人想出的对策原封不动搬到自己身上，而是通过学习他们解决问题的过程，让自己也拥有良好的育儿心态，学会和孩子打交道的策略，明白什么时候向前，什么时候后退，明白应该让孩子懂得些什么，应该怎样帮他们把握住未来人生的关键。

这么说吧，学习育儿，不是让我们把孩子塑造成和别人家孩子一样的人，而是让我们了解到自己孩子的个体独特性，然后根据这种特性，摸索出适合的引导方式。

每个孩子的成长过程都不可思议，各有各的顺利和曲折。但就同处于幼儿期的孩子来说，他们确实存在着不少共同点，比如在自我表达、学习、成长和运动等方面，多多少少都有些相似，而这些相似性，很容易让父母形成一种误解，认为这个年龄的孩子必然会存在相似的成长模式。而这种想法带来的结果就是，父母常常会不自觉地拿他人的孩子跟自己的孩子进行比较："我们家小孩 10 个月就会走路了。""我女儿 2 岁时就会说完整的句子了。""我儿子亨利 3 岁时就会顶嘴了！""索菲娅还是不说话，她已经一岁半了，是不是有什么问题？""我们家老大 4 岁就会看书了，现在他妹妹都快 5 岁了，连字母都懒得认，这是怎么回事？"

我们生活的这个时代，是个孩子受到空前关注的时代，每天都有新的育儿技巧被总结和推出，关于孩子的商品堆满了商店，并且价格不菲，有关孩子健康和安全的新闻充满了各种媒体，动不动就会闹得家长们人心惶惶。说起来，对孩子的关注不是件坏事，证明全世界都明白了孩子对于未来的重要性，但任何事情都有副作用，如今的家长，比以往任何一个年代都容易担心，都容易在育儿上陷入纠结。

而纠结的一个重要表现就是——担心自己的孩子不正常。值得注意的是，这种不正常往往并非是病理上的，并非是孩子真的有了什么毛病，而是自己的孩子和别人家的不一样。

家长们总会在比较中忘了"孩子存在差异性"这一事实，我们忘了每个孩子都不可能完全一样：孩子的成长速度不一样，孩子的自我表达方式不一样，孩子在不同领域、不同环境下的优势和劣势也不一样。

很多拥有不止一个兄弟姐妹的家里，都会出现这样的情况：虽然都是一家人，虽然拥有着同样的父亲和母亲，但小夏洛特却可以在四个哥哥满屋子折腾的时候呼呼大睡，而文静的本则在午睡时连根针掉到地上都会被惊醒。

没有孩子能做到像物理实验一样，在一条道上笔直而匀速地发展，没有哪项规定，孩子必须在几岁之前学会说话，或是在几个月之前走得稳稳当当。孩子彼此之间，存在着差异性，而也正是因为这种差异性，才让孩子得以成为独特的个体，活出独一无二的样貌，拥有独一无二的轨迹，成为独一无二的自己。

即使是同一个孩子，也不会永远一成不变，没准儿今天这样，仅仅隔了一天，他的表现就截然相反了。

我们要感谢这种存在于孩子身上的独特风格，身为父母，认识到差异性的价值真的很重要，这样我们才能坦然面对孩子的一切，然后理解他，懂得他，针对他的独一无二打造出最恰如其分的育儿方式。

生活中，即使我们懂得孩子各有特色，但在接受这一现实的时候，却常常忍不住带有选择性。有时候，我们会觉得孩子跟别人不一样挺好；有时候，我们会选择性地喜欢与接纳孩子的独特风格；另一些时候，我们则可能会因为孩子的独特性而感到担心或困惑。

那些让我们或喜欢或排斥的特性，细分起来，同样也包括先天和后天两种特性。先天的，便是孩子们与生俱来的东西，说得学术些，叫做孩子的生物性和基因结构，说得通俗些，就是孩子的气质。

需要注意的是，这种存在于孩子身上的气质，不同于我们常用在成年人身上的那个"气质"，这里所说的气质，不是指一个人穿衣说话的风格，或者一颦一笑时所散发的气场，而是包括了孩子的情绪强烈程度、变通能力和专注能力。

孩子的气质，其实就是他们进入这个世界的一种方式。他们带着这种气质，接触新事物，走进未知的领域；带着这种气质，回应周遭一切变化；带着这种气质，表达自己的情绪，并且和别人打交道。

尽管幼儿期的孩子存在着不少共性，但如果细心观察，会发现每个孩子都有自己独特的气质，没有任何两个孩子是完全一样的，而这也就从另一个侧面证明了，孩子确实存在着个体差异性。

所以，想要知道孩子的想法，我们除了要参考他正所处的年龄阶段外，还要根据他个人的独特气质来进行判断。然后，为孩子私人订制出一套育儿方法，而这，也正是一个对孩子特性进行后天积极影响的过程。

那么，父母又该怎么做到站在孩子的角度，去审视他们的气质呢？下面这些问题，将有助于父母想明白自己的孩子在某些情景下会如何表现，从而分析出这些行为背后孩子的真正需要。

这些问题不要去询问孩子，而是要家长自己作答，答案无所谓对错，但每一个答案，都能帮助我们进一步理解孩子正过着怎样的生活，正拥有怎样独一无二的成长经历。

　　不过在回答之前，每位家长应该谨记的是，孩子的气质和成长经历没有对错之分，因此不要和别人家的孩子去对比，而是要将孩子真正的需要放在第一位，弄明白他们气质背后的想法到底是什么。

　　＊孩子了解自己的身体状况吗？面对新的游戏或者体育活动时，他的表现是兴奋雀跃，还是怯懦？

　　＊孩子对于每天的常规敏感吗？如果改变了每天的常规，孩子会怎样？

　　＊孩子能直接表达悲伤、愤怒等负面情绪吗？孩子多长时间发一回脾气？

　　＊孩子面对挫折时会怎么做？孩子失败后会平静接受、无所谓地转身离开吗？孩子会因为失败而赖在地上哭闹吗？还是会疯狂跺脚？

　　＊孩子经常能独自游戏吗，他的独处能力如何？

　　＊孩子经常能和认识的其他孩子一起做游戏吗？这个过程中他是否愉快？

　　＊孩子经常能遵从父母或老师的指示吗？

　　＊孩子在面临分别时，总能轻松道别吗？他容易因为分离而哭闹吗？他的情绪容易自闭或失控吗？

　　＊孩子经常能面对新的情况吗，比如到陌生朋友家做客，或参加生日聚会？孩子一开始能做到细心观察吗？孩子需要父母的陪伴吗？孩子能马

上加入集体活动吗？能和小伙伴一起兴致勃勃地探险吗？

　　如果你的心中现在对以上某些问题还没有一个确切答案，也不用着急，不妨在通读本书之后，再重新作答，即使是答过的问题也可以再答一遍，很可能那时你会发现，答案已经和现在有所不同。

　　这并非只是出给父母们的题目，更是希望身为父母者可以把这些问题看作一种思考的方式，学会在充满变数的幼儿期中，淡定接受孩子的独特性，并耐心去抚育不断变化、不断成长的幼儿！

PART 3

来，咱们一起到孩子的世界看一看

How toddlers thrive

回不去的童年，转得了的视角

　　前面两章，我们一直在说要从孩子的角度看问题，在很多父母看来，这听起来似乎并不是件太有难度的事，毕竟，每个人也都是从童年一路走来，我就曾遇到过不少父母，在听我说完"要从孩子的角度看问题"时，都会兴冲冲地告诉我："我懂了，不就是把自己当成个小孩子嘛，谁还没有年幼过。"但遗憾的是，越是拍着胸脯确信自己没问题的父母，事后垂头丧气找我咨询对策的可能性越大。

　　原因就在于，每个人的童年，都是各不相同的，如果我们过于乐观地把孩子所遇到的问题，全都一一对应自己曾经的经历，并且一心想从自己的经历中寻找对策，那么我们难免会失望。有位妈妈就曾无比烦恼地向我抱怨："我的女儿是怎么回事，我小时候每次感到很难过，只要有人给我一块糖我就会很高兴了，可是我的女儿，无论我给她什么，她还是哭个没完。"这位妈妈的困惑在很多家长身上都很普遍，我们常会发现自己的那些经验，似乎并不怎么奏效。

　　因为说到底，没有谁的成长过程是完全一样的。我们的孩子，并不是我们的拷贝，所以，即使在面临同样的情况时，他们也不可能一举一动都完全符合我们的经验，更何况，我们那些所谓经验，是那么的有限且年代久远。

所以说，从孩子的角度看问题，并不是让我们重温自己的童年，而是让我们**转换视角，学会换位思考**。换位思考，是指以一颗成人的心，主动附身于孩子的世界，明白他们的真实需求，并且以成人的方式给予满足。

而这，也是我们打开孩子内心世界的钥匙。

当我们不再居高临下地看待孩子时，当我们学会放低身段，用孩子的眼光打量世界时，我们才可能进入到孩子眼中所见、脑中所想的那个世界，并学着以孩子的方式去思考。当我们学会转换视角后，我们就可以看到那些对我们而言稀松平常的事情背后，隐藏着很多对孩子而言新的、奇妙的，甚至是让人害怕的东西，我们会更加体谅他们，并且精准地捕捉到他们的需要，甚至，我们会突然发现，在孩子的世界里，根本就没有成人世界所不可缺少的逻辑性和时间感。

听起来有些混乱？但孩子的世界就是这个样，在他们眼里，想做什么就做什么，是再自然不过的事了。他们没有成人世界里那么多理所当然和顺理成章，也不喜欢按照时间顺序思考一切。有位妈妈曾经这样说起她哄3岁儿子睡觉的经历：

> 连续好几周了，哄他睡觉就像是在打一场战役，他总是没完没了地让我再跟他玩一会儿，他总是在哀求："别走！请陪着我，我想你！"

我冲他大叫，把他关在房间里，告诉他："快睡觉去吧，拜托……"可两个小时就这样过去了，没等到他睡着，我就已经气得跳脚了。

我对此感到无能为力，但是在与托娃博士谈过之后，我学会了采用不同的处理方式，我开始把睡觉看作和他的又一次"告别"，就像我每天离开他去上班一样。

以前，我觉得他一睡觉，这一天就结束了，接下来都是我自己的时间，但托娃博士告诉我，对孩子来说，睡觉意味着又一次和父母分离。现在，我在他睡觉前会亲亲他的脸颊，就像每天早上出门时都做的那样；我的这个吻一直陪着他进入梦乡，我对他说："晚安，明天早上再见，就和今天一样，现在，就让我的吻陪你做个好梦吧。"

我和儿子花了几个晚上重复这一过程，孩子得到了安全感，困扰我的睡前大战也一去不复返了。

看，这位母亲儿时或许并没有过入睡困难的经历，但这并不妨碍她学会用转换视角的方法，读懂自己孩子的心。类似的例子还有很多，比如有位爸爸曾说，自己2岁半的女儿很喜欢扔玩具，一见到爸爸大呼小叫地阻止自己，她就更是高兴得前仰后合。他试过给女儿讲道理，也试过没收她所有的玩具，但这些方法都不管用，这位父亲的挫败感也因此越来越强了，而且感到很是手足无措，因为自己小时候，从来都没有过这样的"恶习"。

当这位郁闷的父亲找到我时，我劝他不妨"顺其自然"，不要再试图纠正女儿的行为，而是合情合理地疏导和约束。2岁正是一个孩子异常任性的阶段，他们喜欢试探自己的能力，在他们眼里，扔东西并不是件不好的事，而是能让自己发现："哎哟，我会扔东西了呢！而且还能扔得那么远！"另外，孩子还能通过扔东西，试探出自己对父母有多大的支配力："我只要一扔东西，爸爸就会大呼小叫，这简直太好玩了！我现在就得再来一次！"

当我们学会换位思考后，就会明白孩子的心理，因此我建议这位父亲可以专门设置一个让女儿扔东西的地方。

但对此，对方显得犹豫不决："这样……不是会火上浇油吗？她会扔得更起劲吧？"

我向他保证，结果肯定会刚好相反。

事后我才知道，当这位父亲回到家后，最开始并没有采纳我的建议，而是依然按照以前的规律来，坚持在女儿扔东西时没收玩具，或者进行说服教育，但女儿根本不吃那一套，反而变本加厉地捣乱。濒临崩溃的父亲想起了我提出的建议，于是找来一个小垃圾桶，和女儿一起玩"扔东西进桶"的游戏，并且特意告诉女儿："你可以随时往里扔玩具噢。"没想到，只扔了几次后，女儿就不怎么扔东西了。

这位父亲兴高采烈地回来找我，同时想要搞清楚，孩子为什么会有这样的转变。我告诉他，从孩子的角度看，扔东西很好玩，而且会让父母有所反应。如果这位父亲能加入女儿的游戏，不再有那些过度的反应，女儿便会知道爸爸能理解自己想扔东西的意愿。凡是孩子，无一例外，都是希望被人理解的，希望别人能尊重自己的意愿。

然而，我也遇到过很多父母表示，自己试过去换位思考，但是却仍然想不明白孩子到底需要什么。他们眉头紧锁，忧心不已，觉得自己这辈子可能都搞不清孩子的想法了。

其实，父母们完全没必要这么着急下结论，因为视角的转换是需要时间的，我们毕竟不是机器人，不可能一秒钟内就将视角调整到位。况且，能促使父母转变视角的原因也各不相同，比如在哄孩子睡觉的那个例子中，当我明确指出睡觉是孩子每天要面对的最大、最艰难的分离时，那位妈妈才醍醐灌顶，豁然开朗。

在转换视角时，淡定和从容依然是我们所必须坚持的态度，让自己充分接受转换中所出现的一切新鲜、喜悦、不适，甚至诡异感。比方说，我们作为拥有生活经验的成年人，断然不会随随便便就把一杯水泼得到处都是，或者因为同伴挡道就把他推到一边，在我们看来，这些想法太让人不能理解了。

但孩子们不一样，他们完全不会按照我们预想的常理出牌，比如在扔玩具的那个例子中，父亲最终理解了女儿强烈的扔东西意愿，在他同意女儿在指定地方扔玩具后，女儿却不怎么扔东西了，这是为什么？因为比起被允许干一件事来说，孩子更需要的，是被人理解的感觉，一旦他们知道父母理解了自己，那些乖张的、出格的行为也就消失不见了。

育儿没有我们想的那么简单，因为我们的童年并不能代替孩子的童年，但育儿也没有我们想的那么难，只要可以转换视角，就可以找到与孩子的相处之道。很多时候，父母一提起育儿就感到很为难，认定这个过程中自己不得不做出很多有违心意的事，但其实，育儿的重点并不是让父母为难自己，而是要让父母明白，幼儿期只是他们漫长育儿过程的一部分，尽管容易状况频出，但却也不失为一个难得的机会。

通过转换视角，父母可以充分反省自己对待孩子的态度，想想自己到底应该期望孩子做出怎样的行为。这个反省的过程相当重要，如果不换个角度去看看，我们根本意识不到自己身上竟然有着那么多不恰当的妄想和偏见，这些妄想和偏见会阻碍我们从孩子的角度进行思考，会使我们忘记孩子眼中的世界不同于成人。

孩子还是那个孩子，他哭闹起来的样子和上一次都毫无二致，但是，当我学会换位思考后，就会发现原来事情可以呈现出另外一种样子，而我们，也可以用另外一种姿态去面对我们的孩子。

也要规矩，也要爱

从父母与孩子的亲子关系这个角度来说，转换视角，可以让我们避免控制孩子，让我们和孩子之间的关系更加其乐融融，也让育儿过程少走了不少弯路。

大部分父母在遇到孩子专横跋扈、把大家指使得团团转时，或者发现孩子耍滑头、不愿意为自己的错误负责时，都会下意识地予以严加管教，希望通过板起脸、提高声音或用一些感情色彩强烈的词汇去让孩子就范。

但这种行为，说白了，并不是教育，而只是控制。

还有一类家长，他们倒是不想控制孩子，但是他们一遇到难搞的情况就会举手投降："好吧，好吧，你随便吧，你高兴就好。"这类家长，不是真的脾气随和，而是希望借此让自己省些力气，避免与育儿过程中的麻烦对抗，有时候，他们还会为自己找一些借口："她的精力这么旺盛，我可不想扼杀这样的力量""我再也没力气和他斗来斗去了，我觉得，孩子长大就好了""孩子不都是这样吗？算了，我不管了！"诸如此类。

当然，以上两种管教方式，并不是非此即彼，事实上，对于大多数父母来说，自己对待孩子的态度也常是摇摆不定的，他们有时候会居高临下地强调规矩和秩序，有时候又忍不住对孩子放任自流。而且，如果父母双方都参与育儿，那可就热闹了，很可能会各自为营：一个唱红脸，双手一摊，让幼儿自由发展；另一个唱白脸，"喊打喊杀"，想控制幼儿行为。

这种爸妈各自扮演一个角色，交替上场的情况，是不是也曾在你家里上演呢？或许你的爸妈就是这种情况，或许你现在也在充当着这样的角色。

世上没有完美的父母，为人父母者，一般都会经历过以上两种极端，事实上，有的父母甚至在不到一个小时的时间里，就能从一个状态转换到另一个状态："杰克，你再不把玩具收起来，我就要生气了！""好吧好吧，你随便吧，这是你的玩具，你愿意怎么扔就怎么扔，我去躺会儿休息一下。"

说来有些无奈和好笑，这种在两个极端中游走的育儿方式，曾经一度被很多人称道，有人觉得父母之间这样分工协作，或是每个人都各自保持时松时紧的育儿态度，更能保证亲子关系的平衡和家庭氛围的愉悦。

这简直是在开玩笑好吗？

想想看吧，你儿时是否因为父母在育儿上分工不同——一个负责让你害怕、一个负责让你放松，就真的改掉了那些坏毛病？事实上，你能做的只是躲开那个凶悍的，尽量不在对方面前犯错，然后在另一个好说话的人面前无法无天；或者是察言观色，看对方今天脸色不好，就收敛一下，一旦对方看起来心情不错，就想干什么就干什么。

相信我，你的孩子像你一样会钻空子，知道怎么利用你和你丈夫或妻子间的育儿差异，甚至比你当年更知道怎么去观察对方的脸色，为自己求得方便。所以说，那种传统育儿中所宣扬的要么严厉、要么放羊的方式，在现在早就行不通了，育儿，最怕的就是走极端。

那么，到底我们应该怎么办？

虽然育儿中太紧太松都行不通，但我们也必须承认，世界上确实存在一种松紧适宜、更加有效的亲子互动方式，能帮助孩子时刻感受到安全和信任，帮孩子克服内心的焦虑，实现茁壮成长。

换言之，育儿过程中，我们既需要让孩子知道规矩，也必须让他们感受到我们的爱。

而利用换位思考去育儿，就是让我们从以往要么红脸、要么白脸的角色扮演游戏中摆脱出来，找到一种既可以保持家长权威，又能让孩子接受的方式，拿捏准规矩和爱之间最好的平衡点。可以说，及时的换位思考，是一种迄今为止最理想的育儿状态：不论孩子的行为如何摇摆不定、自相矛盾，我们都可以做到爱着他们，拥抱他们，享受和他们在一起的时光。

一旦完成这种育儿视点的深刻转变，即便面对的还是那个爱哭爱闹、喜怒无常的熊孩子，但是父母却会感到更冷静，更能胜任自己的角色。而更为重要的是，父母还能充分利用这段关键的幼儿期，使孩子发展出重要的适应能力、决断能力和其他能力，而这些能力，也就是保证孩子获得幸福和成就的基石。

换位思考，具体应该怎么操作呢？下面我们就将告诉你，怎么用五句话去实现这一育儿视角的关键转换。

转变视角，你只需要记住五句话

想进入孩子的世界，又不牺牲家长的权威，这恐怕是每一名为人父母者的期望。

可以说，父母是负责给孩子提供成长路线图的人，因此，需要更好地理解孩子的需要。下面这五项育儿原则，能帮助父母们学会转变育儿视角，让我们得以从孩子的角度看问题，更好地理解他们的经验和需要，更好地适应父母这个角色。

1. 即使为难，也要陪伴孩子

眼泪攻击、大声顶嘴，甚至尖叫着让我们离开……这些都是育儿过程中常见的情景，也是最能让父母头大的状况。相信每到这个时刻，几乎每一名父母都巴不得赶紧开溜。

不过，既然我们身为父母，便意味着即使面对再难搞的情况，也必须牢记一点：孩子需要我们，即使他们撵我们，大喊着让我们离开，在他们的心中，其实也仍然需要我们的陪伴。

也就是说，无论我们多么焦头烂额或左右为难，也必须淡定地看待眼前的一切，并且告诉自己，这些都是再正常不过的事，必须坚持下去，耐心陪着孩子一起面对情绪的起落。当孩子犹豫不决的时候，需要我们沉着镇定，就算内心同样忐忑，也至少要装作很镇定；当孩子焦虑不安或难以控制情绪的时候，需要我们保持冷静，哪怕有发火的冲动，也要强迫自己泰然处之。

做父母，就是这么不容易，就是要一次次勉强自己去做一些并不情愿的事，因为对于孩子来说，我们是唯一的后盾，是唯一可以依仗的人。在孩子心中，父母永远都是强大的，是重要的，他们时刻都需要确信我们会永远照顾他们、爱他们，确信即便他们胡作非为，我们也会微笑着守护在身边。

而比起孩子们的依赖，父母们的心情则要复杂得多，我们即便知道孩子拥有说一套做一套的特权，即便知道孩子真心需要着我们，也难免会产生这样的隐忧：我真的要时时刻刻都退让、容忍孩子吗？难道永远都只能对他的行为点头说"yes"吗？我现在真的感到很不耐烦，我还必须要对他的调皮捣蛋说好？

当然不是！我们所提倡的，是爱与守护，是在爱与守护中树立权威，但这并不意味着要无条件地迁就和纵容。

爱与守护，意味着我们要学会接受表现时好时坏的孩子，接受他们带给我们的倍感自豪和不忍直视，接受这种左右为难的状态，并同时说服自己，无论内心怎么纠结，怎么气恼，我们作为他们最亲近的人，都不会离他们远去。

这就是身为父母者，所必须战胜的另一个自己。

2. 不要咆哮，但要保持权威

每次，我对家长们说出上面这句话时，不少人都会忍不住大呼一声："太难了吧，面对又哭又闹的孩子，不吼几句，他们怎么可能会听话！"在很多父母看来，只要牵扯到育儿问题，就不可能温文尔雅，不可能淡定从容，必须要来点硬的，甚至动个粗，才能让一切回到正轨。

我们经常会冲动作祟，变成一个张牙舞爪的家长，全然忘了孩子虽然调皮顽劣，但实际上仍然十分弱小。可是，不吼不叫，并不代表我们无法管教孩子，正确的做法是：在保持冷静的前提下，树立起自己的权威性，让孩子知道到底谁说了算。

这听起来很难操作，但只要掌握好火候，并不是不能做到。下面这个发生在小女孩莱拉身上的例子，便充分印证了这一点。很长时间以来，莱拉都是不少父母心目中的模范小孩，她还在婴儿时期时，就不是那种难抚育的孩子，每天她都是笑脸迎人，无论谁逗她，她都能高兴得咯咯笑上半天，才两个多月大的时候，她就可以睡整觉，一直到她 2 岁的时候，从来没人见过她发脾气。不仅如此，莱拉还乐意跟着父母去任何地方，全程不哭不闹，该吃饭的时候就乖乖坐在桌边，从不挑食，甚至，在父母想要休息一会儿的时候，她竟然能做到自己安静地玩游戏。

这简直是枚人见人爱的小天使啊，有没有？！

几乎所有人都在用羡慕嫉妒恨的语气恭维着莱拉的父母，说肯定是因为他们足够优秀，孩子才能表现得这么棒。而莱拉的父母呢，也一直美滋滋地觉得，自己的孩子会一直这么出类拔萃下去。

只不过，好景不长，当莱拉快 3 岁的时候，她的世界开始画风突变，用她妈妈的话说："就像潘多拉魔盒突然被打开了，她一夜之间就变成了另一个人。"莱拉开始表现得极为桀骜，她不但不再听父母的话，而且变得很不好相处。只要她的耳朵听到"不行"这个字眼，不管对方是多么温和多么面带笑容，她都完全无视，不仅故意照做不误，甚至还会变本加厉。

有一次，莱拉无意中发现，自己刚好可以伸手够到厨房里的毛巾杆，于是，她就像发现了宝藏一样，不停地踮起脚抓着那根杆子。妈妈看到后，温柔地告诉莱拉："别拽这个啊，宝贝。"一开始，莱拉确实松开了手，但马上，她就又会故技重施，然后在妈妈提醒后再次松手，之后再次伸手去拽，到了后来，当听到妈妈再次发声后，她不但不松手，还看着妈妈笑出了声。

莱拉的妈妈看着女儿，心里涌起一阵无奈，莱拉似乎已经把这个过程当成了一种亲子游戏，并乐此不疲。妈妈以为莱拉没有明白自己的意思，只好继续说："我的小宝贝，你会拽坏它的，它要是坏了，你也会因此而受伤的，你要是受了伤，妈妈一定会很伤心。"在说这些话时，莱拉的妈妈尽量让自己表现得既温柔又讲道理，尽管此时此刻，她心里的挫败感已然在不断变强。

但接下来的一幕，则让这位正努力表现出温和的妈妈受到了严重打击：莱拉笑嘻嘻地看着自己，双手却更用力地拽着杆子，然后，她抬起双脚做出了荡秋千的动作。

莱拉的妈妈头发都竖起来了，她很担心杆子会折断，于是赶紧冲过来让莱拉别再拽了。她一遍遍温柔地解释说这很不安全，可莱拉只是不停地笑。到了最后，妈妈实在忍无可忍，动手强行抱走了莱拉，然后表情严肃地明令禁止莱拉再继续这么干。直到这个时候，妈妈还在担心自己会语气过重，并且甚至有些内疚："我真的有必要强行禁止她玩那根杆吗？是不是太侵犯她的自由了？我这么严肃，会不会做得不太对？"

而让她颇感意外的是，莱拉从那之后真的没有再去拽毛巾杆。妈妈有些纳闷：为什么自己面带微笑说了那么多遍，还不如板起脸说上一句管用？与此同时，她的内心还涌起了一丝内疚：哎呀，我终于还是成为那种凶巴巴的妈妈，我阻止了孩子做她想做的事。

其实，妈妈不知道的是，在她一次次笑着告诉女儿不要拽毛巾杆的时候，孩子心中想的却是："我倒要看看，能把妈妈逼到什么程度呢？妈妈真的想让我停下来吗？哦，看啊，妈妈又在说别再拽了，她已经说了好多好多次了，这可真好玩！"

看，就是这样，当父母们满脸笑容地告诉孩子"宝贝，这样不太好噢"的时候，我们总以为自己是在进行管教，而孩子却不这么看，他们只把这当成了对自己能力的试探，当成了对于父母忍耐力的试探。

不少父母在育儿过程中都会有这种困扰：既怕孩子骑到自己头上，不怕自己，又很想当一个和善亲切的父母，能够永远优雅温柔地和孩子进行交流。

其实我们大可不必担心，孩子虽然天性喜欢自由，但他们内心其实也渴望着父母能够具有权威，他们指望在做一件事情时，父母可以告诉自己什么时候停下来，告诉自己怎么做才是安全的。

简言之，孩子不希望呆板地约束，但不代表他们不需要规矩，孩子其实是希望我们能讲道理地管教他们。

在上面的例子中，莱拉的妈妈就在最后扮演了一位"讲道理"的成人。莱拉的生活轻松愉快，她可以兴奋地试验自己的能力，但是，她也指望妈妈明确告诉自己，什么时候需要有所约束。然而，妈妈一开始的语气却还是一如既往的温柔，并没有强调这是不安全的、不能继续这么做，所以莱拉才没有停止，甚至变本加厉。但这并不能赖到孩子头上，事实上，这也是很多父母存在的一个误区：父母有时会忘记自己的权威性。

我问过莱拉的妈妈，为什么不一上来就坚定地告诉莱拉不能那样做，为什么不马上带走她，让她去玩别的。这位妈妈欲言又止，最后告诉我："我觉得自己就应该和颜悦色，时刻支持女儿，我从来不想大声嚷嚷，我不想让女儿焦虑，我希望女儿一直信赖我。"

我曾听过很多其他家长有过类似的说法，有些父母担心自己会造成孩子的焦虑，所以就尽量避免发生这种情况。他们的考虑并非没有道理，任何人被人约束的时候，或听见有人说"不行"的时候，都会感到有些焦虑，成人尚且如此，更何况孩子。但问题在于，这种做法也会让孩子无从了解什么是约束。

事实上，体会焦虑，对于孩子而言并不全是弊端。如果孩子连体验焦虑的机会都没有，那么也就不可能学会如何控制自己的焦虑。身为父母，我们有时候必须让孩子亲自体验焦虑、愤怒这样的情绪，这样随着时间的推移，他们才能学会如何处理，也才能知道同样重要的另一个事实：即使父母让自己焦虑，父母也仍然会照顾自己。

说起来有点奇怪，但这也确实是个不争的事实：父母给予孩子的约束，实际上却恰恰建立了孩子对父母的信任感，孩子们由此进一步确认，父母是自己可以充分信赖的人。

3. 不要呆板，但要形成规律

我经常对年轻的父母们说："在育儿过程中，保持规律很重要，规律能帮助孩子踏实下来，能让父母更容易管理摇摆不定的孩子。"

规律这两个字我们都能理解，但是这里所有的规律，并不是呆板地列一张时间表，而是要让孩子形成一个生活的基本框架，让他们明白"这个时候我通常会这样做"。

注意！是通常！

很多家长，总会误以为规律就意味着"永远这样做"，可实际上，"永远"这两个字对于规律而言，是根本就不切合实际的，即使我们养成了良好的规律，也不等于在每天的每个时间段都能做出一模一样的事，最起码，细节就不可能完全一致。

而在育儿过程中强调规律，其实也就是建立起孩子对于时间的观念，并懂得将时间作为自己行动的指引。时间是某项规律中所蕴含的最重要因素，不过需要注意的是，尽管 5 岁孩子的时间感强于 2 岁孩子，但其实依然是很模糊的，毕竟时间是抽象的，看不见，摸不着。对于孩子们来说，所有隐形的东西，都太难以琢磨了。

帮孩子形成规律，第一件要做的事，就是不要用大人对于时间的概念去要求孩子。我们很难想象成年人会不按照时间顺序来安排每天的生活，也很难想象成年人居然不知道 15 分钟的大致概念，但这些事，却都有可能发生在孩子身上。孩子依靠我们的安排，才能拥有着有条不紊的生活，依赖我们的提示，才能知道接下来的时间段该干什么，我们要帮助孩子先完成某项活动（比如吃早饭），再引导他们继续下一项活动（比如穿鞋出门）。

由于孩子没有时间观念，再加上孩子的大脑还正在发育，所以他们还不能掌控时间。因此从幼儿期开始，父母就应该帮助孩子学会掌握时间的技能，这样等他们长大后，无论是学业还是家事上，就都能形成良好的规律，由此便会拥有强大的执行力。而根据研究证实，执行力的强弱，是影响未来人生是否成功的重要因素之一。

在孩子的幼儿期形成良好的规律，并长期不断重复这一规律，是奠定孩子苗壮成长的基础之一，也是培养他们学会应对复杂人生的黄金时期。每天遵循良好的规律，可以让孩子感觉自己的生活是可以预知的，从而感到安全和舒适。比如说，一个孩子一旦知道洗完澡，妈妈就会来给自己读故事书，而看完书，就要穿鞋出门，他才会对这一系列的事件了然于胸，不会被每一项活动的出现而吓到。

规律带给孩子秩序感，而孩子绝对都是需要秩序感的。不仅他们如此，大人也会有这种心理，我们讨厌无序，讨厌那种不知道下一秒发生什么的恐慌，讨厌那种没着没落的感觉。因此，父母必须让孩子觉得生活是有规律的，无论是事物发生的顺序，还是光阴流转，都有迹可循。孩子如果通过建立规律，而在心里拥有了秩序感，他就会有安全和被保护的感觉，使得他能更好地享受生活，更好地应对人生浮沉。如果没有这种秩序感，孩子的内心就会分崩离析，陷入无序和紊乱。

　　规律的形成，其实也是对孩子生活的一种结构化，使得他们的吃饭、穿衣、洗澡、睡觉、出门等都有规可依。它们的存在，像是为孩子的生活贴上一些小标牌，告诉他们"该吃早饭了"、"该吃午饭了"、"该上学了"、"应该这样坐在餐桌边吃饭"、"应该这样洗澡才安全"……小标牌们指引着孩子安然度过每一天，如果没有它们，孩子们的生活就会失控。

　　只不过，虽然我强调规律很重要，但我并没有让大家呆板地对待每一天和每一项规律。其实，偶尔改变规律，孩子的适应能力反而会很强，但要注意的是，这仅限于偶尔，并不能作为常态。实际上，当孩子每经历一次"先改变规律，再恢复规律"的过程，他们的适应能力也就都得到了一次锻炼，所以，有时候我们不妨特意打破一下规律，让孩子经受锻炼。比如可以这么告诉孩子："周末的时候，我们没有像往常一样在厨房里吃午饭，是因为爷爷奶奶来做客了。但现在我们要回归原样，回到厨房餐桌边吃饭。"

　　规律并不是万年不变的，而是必须灵活机动，并且根据孩子的具体情况来适当进行调整。比如很多孩子在婴儿时期每天会睡两次午觉，但到了幼儿期，他们只需要一次就够了，看起来，孩子睡眠的规律发生了改变，但其实，这种变化却是在一个大框架下进行的——他们依然需要在白天美美地睡上一觉，只不过次数少了一次而已。

父母们只要给了孩子充分的安全感，让孩子有被爱、被保护的感觉，那么即使打破了常规，孩子也能随遇而安，调整好自己。对于孩子们来说，规律就像是熟悉的家，他们只有先生活在家里，才能明白自己始终有这样一个地方可以依靠，进而才能有勇气走出家门去探险，有勇气打破常规，锻炼出随机应变的底气。

孩子的适应能力往往比我们想象的强，在规律中顺其自然，在变化中锻炼自己，才是父母应该引导他们做的事。

4. 尊重现实，允许孩子反复

这个世界上，从来就不存在两个一模一样的孩子，他们每一个人，都是独一无二的独立个体，内在性格不可能一样，外在表现也绝不会相同。不过即使如此，所有孩子却在这一点上毫无二致：不管自己做什么，怎么疯，怎么闹，都希望能知道父母正在守护着自己。

而对于父母来说，想让孩子感知到被守护，就必须要对孩子抱有理性的预期，其中重要的一点就是：尊重现实，不拔苗助长，给予理解，允许孩子反复。

在某个下午，一位照料着两个女儿的妈妈因为有事，不得不离开房间几分钟。在这几分钟内，只有 4 岁半和 2 岁的小姐妹相处，这个时候，姐姐看到妹妹拿着一整卷卫生纸，摇摇晃晃地走到卫生间，然后将整卷纸都扔进了马桶里。姐姐急得赶忙去找妈妈，而妈妈回来后，面对小女儿的恶作剧，却只是笑着摇了摇头。

几个小时后，就在妈妈已经将这件事忘了的时候，她突然看到大女儿也拿着一整卷卫生纸进入了卫生间，并且扬起手要扔进马桶，妈妈马上出声制止了她，并且口气严厉地告诉大女儿，这样做是非常不对的。结果，大女儿马上就开始委屈地掉泪，她不明白，为什么 2 岁的妹妹这么做就引得妈妈发笑，而轮到自己时，妈妈却瞬间变成了另一个样子。

在这位妈妈看来，一个 4 岁半的孩子举着卫生纸要扔进马桶，这种行为肯定算得上是乖张的，必须教育一番。但是，如果我们不是那么急着去批评，而是可以换个角度去审视这样的反常行为时，则会明白，大女儿不过是出于嫉妒。她觉得，如果自己也表现得像小妹妹那样调皮、那样孩子气，那么就会获得别人积极的关注，妈妈也会对自己露出笑脸。

这个时候，她的妈妈如果能理解她的这种需求，并且满足她对于被关注的需要，让她明白"即使你不这么做，我也会同样关注你"，在此基础上，再合理地施加约束，那么情况就会有所变化，大女儿不仅不会再做类似的事情，也能内心愉悦、得到满足。

我们倡导对孩子抱有理性的预期，而衡量理性与否的关键要素就是孩子的年龄。比如上面那个例子里，妈妈同样是面对自己的女儿，对于 4 岁半的孩子和 2 岁的孩子，除了知道某个年龄段的孩子大多会怎么做之外，还需要知道另外一点，那就是孩子的成长不是一蹴而就的，他们有权利反复，有权利退步，有权利时好时坏。

现在不妨回想一下，我们的孩子这一路成长的过程，你会发现，虽然孩子一直是那个孩子，但是他却未必每一天、每一次都能做到以前做到过的事，甚至一天之内，他都无法重复完成同一项任务！不管这项任务是他 2 岁时就掌握的，比如扔掉安抚奶嘴；还是 3 岁时才掌握的，比如先穿袜子再穿鞋；或者 4 岁时终于掌握的，比如早上不拖延时间地离开家门。

哪怕以前他们做得很好，但是也不代表他们现在就必须做得同样好。

只不过，面对孩子的反复甚至退步，父母们总是难免抓狂，觉得之前的辛苦都白费了，但我们必须说服自己，克服这样的急躁心理，说服自己接受这样一个客观事实：**幼儿期，就是一个剧烈波动期，孩子们的表现不会一成不变。**

幼儿期的孩子，随时可能出现各种开倒车的情况。比如原本乖巧听话的 2 岁孩子，会因为自己感冒或喜欢的保姆去度假了，而哭喊着去找早就扔掉的安抚奶嘴；原本让父母颇为自豪的 3 岁孩子，也没准儿会在某天早上看到鞋袜就厌恶地将它们扔开，而不像以前那样，自觉地穿好后去上幼儿园。这类状况对于恰巧有个幼儿期孩子的父母来说，必定司空见惯，孩子们原本还好好的，谁知道下一秒就开始程序错乱，那些以为再也不会出现的坏毛病，此时也狠狠杀了个回马枪。

其实，如果我们可以调整好自己的心态，并且设身处地从孩子的角度去考虑问题，也就能明白孩子们的反复其实并非是无缘无故，而恰恰反映了他们的某种需求。

比如才 2 岁大的泰迪在距离上一次尿床三个月后，又一次在床单上画了地图，这或许只是因为他身体不舒服，所以没能想起来把要上厕所的事告诉父母；3 岁的凯瑞也许已经表现得像个"大孩子"，连续四晚都在睡"大公主床"，但一到周末，当她在和父母一起玩了一整天后，再次面对只有一盏小夜灯相伴的大房间时，难免会歇斯底里。很多父母都发现，一到周末，孩子们的心情总是很愉快，自理能力和服从能力也很好，但一旦到了周一，他们各方面的能力就都会出现大大小小的问题，不是找不到自己的背包，就是因为外套没有挂好而哭到瘫倒在地。

孩子的任何退步都是正常的。他们每前进一小步、长大一丁点（无论这一步和这一点是多么的微小），都会提示着他们，自己似乎离父母更远了一点，更不需要我们了。成长让孩子喜悦，但同样也会让他们惶恐，他们有时候并不享受凡事全靠自己的感觉。比如我曾见过一个 5 岁的小男孩，他上一周刚刚学会了骑两轮自行车，但是过了两天，却再也不愿意骑车出去玩，而且还撇着嘴说："我不想长大，不想上大学，也不想结婚，我就想和妈妈在一起，永远和妈妈在一起。"我还见过有个 3 岁半的幼儿刚搬到了大床上，但很快又可怜巴巴地求着父母："等我长大了，我们能有个更大的房子吗？我可以和你们还有新床一起住在里面。"

这些例子都在说明，长大这件事，对于孩子们来说是又爱又怕。

其实，备受困扰的又何止是孩子，父母们同样对于孩子的反复无常感到束手无措。有位妈妈曾经告诉我，她快 3 岁的女儿刚刚学会了上厕所，接着没过几天就彻底扔掉纸尿裤了。妈妈又惊又喜，觉得女儿总算不再是个只会撒娇的小宝宝了，然而，出乎她意料的情况发生了：女儿开始说一些孩子气十足的话，而且比从前更喜欢吃手了！

这种种信号也提醒着我们，尽管孩子们长大了，但身处幼儿期的他们，其实依然弱小。要知道，孩子们在这个阶段最爱说的两句话就是："我长大了"、"我还小呢"。

面对孩子的反复，父母们应该怎么做呢？

我们唯一可以做的，就是深吸一口气，然后告诉自己务必尊重现实，尊重孩子这一阶段出现的各种反复。

成长从来都不是一条笔直的道路，总会有些曲折，有些迂回，而每一次转弯和每一个困境，不仅需要孩子们自己学会克服，更需要父母和他们共渡。我们必须要调整好自己的心态，戒除急切，戒除暴躁，陪着孩子坦然面对所必须经历的每一次反复和倒退，陪着他们就那么一小步一小步地长大成人。而在这个过程中，不仅孩子获得了成长，我们也一样，我们学会了尊重"孩子只是孩子"的事实，学会包容孩子"昨天表现还很好、今天却又做得不怎么样"这样的现状，学会在调试中不断渐进，在渐进中磨炼出身为父母所必须具备的淡定和从容。

尊重现实，合理预期，明确引导，保持幽默，充分铺垫——当我们做到以上这些事情后，最终会发现，孩子其实是完全可以平静下来的，他们可以听从指挥，也可以一个人去睡觉。但前提是，我们不能强迫孩子——我们不能强迫一个两天没有睡午觉的 2 岁孩子在家庭聚会上好好表现，不能要求一个 3 岁的孩子在玩具店里规规矩矩，不能要求一个 4 岁的孩子安静坐着看完一场 1 个小时的演出。

父母们常犯的一个错误就是，会超出孩子实际能力的范围去要求孩子，但却根本没有发现，自己的要求并不符合这个年龄段孩子的实际情况，因此，我们必须要学会承认现实，学会接受孩子成长过程中一切非我们计划中的事情，学会和他们一起在不断的进与退中实现成长。

5. 划分界限，让他成为自己

一天，一位妈妈一脸惆怅地找到我，诉说她心中对于自己 5 岁儿子的困惑。

"托娃博士，您知道吗？我觉得我的儿子一点都不像我！"这位妈妈在谈论孩子的时候，忍不住长吁短叹，"我是个很擅长交际的人，有很多非常可靠的朋友，而且我觉得，人这辈子最重要的就是要广交朋友，拓展人脉。可是，我的儿子却在这方面和我一点都不一样，有时候，我简直怀疑他不是我的孩子！"这位郁闷的母亲告诉我，她的儿子在家里和妹妹玩得很开心，可是一出家门，对别的小伙伴就很冷淡，即使有别的孩子表现出很喜欢他的样子，他也是一副满不在乎的表情，直到现在，他连一个要好的小伙伴都没有。

"你知道吗？他不仅不像我和我丈夫那么喜欢和人打交道，而且连爱好都和我们不一样，我和我丈夫在学生时代都是运动好手，是学校运动队的主力，可是我儿子呢，身材又瘦又小，对运动根本不感冒！"

这位妈妈的脸上写满了失望，而且不难看出，她所有的失望都围绕着"孩子和我不一样"这一点辐射开来，但是她却忘了重要的一点——孩子不是我们的附属品，不是我们的拷贝。

我们爱孩子，给予了他们生命，并陪伴他们成长，但这不代表孩子就必须和我们一样，必须继承我们身上所有的优点，并成为我们所期待的样子。作为父母，必须懂得和孩子之间维持一条清晰的分界线，将他们视为有着独立人格的人，不妨碍他们按照自己想要的轨迹去发展，不把他们当成迷你的自己。

电影里，商界大佬总会因为孩子不愿继承家业而暴跳如雷，其实，同样的状况在寻常人家也处处可见。当我们发现孩子有着和自己不一样的兴趣、性格、气质时，难免感到不解和失望。如果孩子所具备的性格和兴趣，恰巧还是我们所不喜欢的，那么这种挫败感则会加倍。

这时，我们不妨先平复一下自己沮丧的心情，试着换个角度去看待整件事情，也正是因为孩子身上有着很多和我们并不相同的特质，我们才能在面对这些陌生特质的过程中，成为更好的父母。我们依然要重复那句说了好几次的话——育儿不仅关乎孩子的成长，也同样是父母的一场修行。我们在自己和孩子之间划分出一道界限，不是为了要跟孩子拉开距离，而是要学会在某些时刻，压抑住自己想要阻碍孩子的念头，学会微笑着看着他们成为他们自己，即使那个"自己"身上没有我们所具备的优点，即使那个"自己"身上有着我们所有的不足。

有位 3 岁孩子的爸爸曾经很焦虑地跟我说，他发现自己儿子的性格过于温和善良，总是躲避着那些身体强壮、有攻击性的孩子，还对任何对抗性强的游戏都望而却步。每次看到儿子小心翼翼的样子，这位父亲就大为光火，因为他总是会想起自己小时候的样子。在这位父亲的幼年时期，他就是个瘦小柔弱的孩子，总是对那些身强体壮的同龄人充满了恐惧，因此，当他发现自己的孩子竟然有着和自己相似的特质后，便忍不住很气恼，而这种气恼让他只顾着发脾气，却根本无暇想到，这正是自己孩子最需要父母鼓励的时刻。

我曾亲眼见过一个 2 岁多的小男孩，独自一个人站在游乐场的墙角，看得出来，他对其他孩子正在做的游戏很感兴趣，他两眼放光地到处打量，可是身体却始终和别人保持着安全距离。而在游乐场旁边，男孩的妈妈正满脸愁容地看着自己的儿子，我问她为什么不去鼓励自己的孩子和别的小伙伴一起玩，这位妈妈则这么回答我："我也不知道该说些什么，要知道，我小的时候跟他一样，也没人主动约我一起玩。"

无论是为孩子未能继承我们的优点而忧虑，还是为他们身上出现了和我们一样的问题而担心，我们都必须明白，孩子是孩子，我们是我们，两者之间有着一条分明的界限。我们无权左右孩子成为我们希望中的那个人，无论那个目标是多么光辉，多么完美，我们无权因为自己的过去而干涉孩子的现在，无论等待孩子们的是喜悦，还是挫折。

我们只能帮孩子一步步成为他们自己，成为那个虽然不完美，但是却独一无二的自己。

从斗智斗勇，到共同成长

这个世界上，从来没有无缘无故的喜欢，同样，也不存在无缘无故的厌恶。父母们在育儿过程中所渴望或排斥的东西，往往并不是孤立存在的现象，在此背后，通常有着自身的经历作为渊源。而这，也正是我们在育儿过程中必须转换视角的理由之一。

转换育儿视角，不仅能让我们明白孩子各种行为的背后，到底隐藏着什么样的想法和需求，还可以让我们明白自己的过去对于当下的影响，并明确自己在孩子的成长过程中，到底应该充当什么样的角色。

很多父母都曾把育儿比喻成一场战争，认为最成功的育儿，就是让孩子乖乖听自己的话，并将他们身上所有缺点剔除干净，将他们塑造成一个近乎完美的人。其实，这是一种很奇怪，甚至是有些畸形的亲子关系，但我们之所以身在其中却不自知，是因为我们中的很多人也都是在这种关系中成长起来的。我们在自己还是个幼儿期的孩子时，就曾被父母这么对待，因此等我们为人父母的时候，或多或少都受到了过去的影响，尤其是在我们面对孩子手足无措时，甚至会不由自主地将自己过去的经历当成经验，于是，熟悉的场景再次出现。

那么，父母究竟应该怎样摆脱自身经历的影响，在育儿过程中发挥积极的作用呢？

下面介绍一套简单而有效的方法，这个办法我曾经介绍给了很多父母，他们在尝试后都表示很有效果。

首先，压抑住自己心中的怒气，控制自己不要向孩子发火。之后，想清楚自己到底为什么动怒，发怒的原因到底是孩子的行为，还是自己无法控制好自己的情绪。接下来，反思自己的个性到底存在哪些问题，应该如何改进。这个时候，你会发现，其实很多育儿过程中的抓狂时刻，并非是因为孩子做了什么惊世骇俗的事情，而是因为我们自己没有站在正确的位置。

那么，什么位置才算是正确的位置呢？下面这两个例子或许可以给我们一些启示。

有位妈妈曾经偷偷告诉我，每次她只要听到自己的孩子们说"我就不那么做！"便会忍不住发飙，因为这也曾是她小时候的口头禅，而且，当年自己只要说出这几个字，就会换来父母一顿暴风骤雨般的训斥。所以，现在她只要听到孩子说出同样的话，就会压抑不住内心的怨气，进而将这种怨气发泄到自己孩子身上。

另一个例子来自于一位年轻的爸爸，他的孩子总是不喜欢和人打交道。即使是家里人，小男孩也都表现得很冷漠，每次外出，别人主动和他打招呼的时候，他不但无法很好回应，有时候甚至会故意躲避。儿子的举动让年轻的爸爸大为光火，因为他在幼儿时期，总是被要求礼貌待人，自己也总会主动点头示意，会说"请"、"谢谢"等敬语，于是面对和自己大相径庭的儿子时，他才会特别无法接受："我的孩子多没礼貌啊！我从来不会这样！"

可以看出，这两位父母在育儿中都受到了自己童年记忆的影响，以至于他们将自己和孩子混为了一体，要么将自己所受到的伤害附加到孩子身上，要么把自己当成孩子行为举止的范本。无论哪一种，从本质上都是错误的，我们无权将自己的幼年当成孩子幼年的标准，因为他们和我们是截然不同的独立个体，我们更不该把育儿过程当成一场场斗智斗勇，而应该和孩子一起实现共同成长。

而这，也正是我们所该站立的位置。我们从台前走到幕后；从催促、干涉到和孩子同行；从把孩子当成我们的一部分，到学会放手，尊重孩子自己的成长意愿。这种护花、却不干涉花儿自己绽放的姿态，才是我们身为父母所应该有的态度。

当我们每一次忍不住想对孩子发怒时，我们不妨先静下心来打量一下自己吧：我在这个年纪的时候，是什么样子呢？我的父母曾经是怎么对我的？我是不是遭遇过过于严苛的教育？我是不是被要求必须无条件接受父母的一切安排？

当我们越了解自己，越清楚自己的成长经历，也就越能明白自己对孩子应该作出怎样的回应，越能看清那条位于亲子之间的分界线，越能明白孩子的内心正有着什么样的真实需求。

几乎每个孩子在长到 2 岁半或 3 岁的时候，都会变成一个不好伺候的霸道小孩，其实这本是件无伤大雅的事，但是偏偏在父母们看来，孩子不听话变成了天大的事。于是我们做出种种妨碍他们成长的事情，将自己卷入了一场关于"掌握育儿过程中控制权"的战争。我曾见过一位妈妈，她很爱她的女儿，但是却常常会和女儿发生让人啼笑皆非的争吵，比如争吵女儿该穿什么衣服，争吵吃什么东西，争吵出门时带哪样玩具。每次，这位妈妈都和女儿吵得很认真很投入，不时还会和旁人抱怨自己的孩子有多不听劝，如果我和她不那么熟悉，一定会误以为她口中那个刁蛮的女儿一定有 16 岁了，但其实，她的女儿只有 3 岁。

我曾经问过这个母亲，为什么要对自己年幼的女儿这么苛刻，是不是自己的童年阶段，曾经被谁这么严厉教育过？她仔细回想了好久，然后告诉我，她确实有个飞扬跋扈的姐姐，直到今天，这个姐姐还在对她吹毛求疵、评头论足。而这位妈妈习惯了一直仰视着姐姐，并且觉得自己总不能让对方满意，甚至直到现在还在努力赢得她的认可。

说到最后，这位妈妈有些眼圈发红，而她也终于意识到，自己对年幼的女儿之所以如此苛责，就是因为她一直在纠结于自己无法取悦姐姐这件事。因而，她潜意识里希望自己的女儿能成为一个自己未能成为的人，能让每个人都发自内心地喜欢。

正是这层隐秘的原因，阻碍这位妈妈看到 3 岁女儿的真正需要。而当她认识到这一点后，便正式和女儿休了战，不再妄图控制对方。

有些时候，这种童年的影响力体现在父母一方的身上，而有些时候，则会在父母双方身上都有所体现，进而不仅带来亲子关系的紧张，还有夫妻间的矛盾。

特瑞娜来自一个环境宽松的家庭，从她小时候起，父母就允许她"想做什么，就做什么"。父母不太干涉她的日常生活，但她能感觉到每次自己讲话时，父母都在认真聆听。"如果我不想做什么事，父母就会说好，他们从来不逼我。"特瑞娜后来毕业于一所顶尖大学，拥有成功的事业，还有了三个孩子（现在分别是2岁、4岁和8岁）。特瑞娜觉得，像自己的父母那样，从不强迫孩子们去做他们不愿做的事，是种挺好的教育方式。

而她的丈夫在这方面的想法却刚好相反。他来自一个时刻处在高标准、严要求中的家庭，从小信奉的理念是"凡事都要做到百分百"。特瑞娜的丈夫把自己的成功归因于这种从小而来的生活态度。

于是，这对成长环境截然不同的夫妻，毫不奇怪地在育儿问题上经常意见不合。开始只是些小口角、小摩擦，直到有一天，矛盾终于公开爆发了。他们那天要去只隔了三个街区的朋友家做客，中途，4岁大的儿子抱怨自己太累了，走不了这么远的路。小男孩坐在马路牙子上噘嘴闹脾气，打定主意不走了。特瑞娜的丈夫很严厉地要他站起来继续走，而特瑞娜则好言相劝，哄他继续坚持一下，但这些都没用，孩子还是稳坐在那里不动。最后，特瑞娜决定开车去朋友家，谁知她的丈夫因此相当生气，认为妻子这样的教育方式很成问题，两个人当街大吵了一架。

之后，这对夫妻来问我，这件事他们两个到底是谁做错了。而在我看来，他们两个都一样，全都只在自己的既往经验中难以自拔，他们只是在一门心思地回应着自己的过去，却没有想过，自己的孩子真正的需要是什么。

没有哪个为人父母者，在自己的童年时没有受过一丁点的伤害，我们的父母不可能是完人，他们赋予我们身上的教育方式，不可能那么恰到好处。甚至有些父母直到成人，仍然在竭力争取自己父母的认可，从来不敢稍有异议。这样的父母在面对孩子消极的情绪和行为时，会很难提供孩子在这个年龄段所需要的支持。

作为成人，我们要接受自身有好的一面，也有不好的一面，甚至要接受那些我们不喜欢的或引以为耻的品质，这样才能帮我们退后一步，让我们看到孩子真正的样子。

而这，也是我们在父母这堂自修课上，所必须学会的重要课题——学会抛却自己的过去，将孩子的现在和未来，与我们的过往切割开来，尊重他们以一个独立的个体，自由成长，自由绽放。

这不仅是我们身为父母所必须学会的育儿命题，或许，也算是从另一个方面，让我们重温自己的童年，正视自己内心的那些缺失和遗憾吧。

我们是怎么成为了今天的我们

有时候，回忆往事并不是为了怀旧，尤其是在那些往事以另一种方式——比如育儿，不断延续着自身的影响力的时候，回忆的目的已经不仅仅是为了回忆，而是希望追根溯源，可以明白自己是怎样成为了今天的自己。

下面，就是我为各位父母列出的一张调查问卷，与以往很多育儿书中的问卷有所不同，这并不是一张针对孩子的问卷，对象正是孩子的父母。凭借这张问卷，我们可以更好地了解自己的过去，知道我们如今的育儿方式中有着多少个人历史的沉淀，明白自己是如何成为了今天的样子，并因此波及到了和孩子的亲子关系。

这张问卷涵盖家庭、学校和社交等三个方面，通过这些反思，我们能更好地理解今天已为人父母的自己，也能更好地调整自己回应孩子的方式。

家庭方面

请思考自己的家庭成长环境，回答下列问题：

1.在你的概念中，"家"是什么样子的？你的家庭是充满温暖、体贴和爱，还是客套疏远，抑或是家庭不和、充满了矛盾和压力？

2.你的父母是不是曾经给你立下了严格而明确的规矩？你是否曾经因不守规矩而受过处罚或感到羞辱？和父母在一起时有没有"如履薄冰"的感受？

3.你的父母倾听、尊重、考虑过你的意见吗？允许你直接表达对他们的不满吗？

4.如果你有兄弟姐妹，你们是否尽管会有矛盾但仍手足情深？

5.兄弟姐妹是否有人让你有过被压制的感觉？是否有人需要你额外照顾？

6.你是否曾经被哥哥姐姐指使得团团转？是否一直在努力赢得他们的认可？

7.当你焦虑或不堪生活重负时，父母会充满爱地支持你吗？当你犯错误或搞砸事情时，父母依然会守护你吗？

8.你觉得父母对你的爱，是因为你取得了值得骄傲的成就，还是因为你取悦了他们？

学校方面

请思考小时候的求学生涯，回答下列问题：

1.学校对你而言,是让人开心的地方,还是让人讨厌、害怕的地方? 还是不论好坏,你都必须要忍受的场所?

2.你在学校里的表现怎么样? 你是那种明星学生,还是问题孩子, 抑或是默默无闻、请一个礼拜假都没人会注意到的学生?

3.你觉得对你而言,学习是件难事吗?

4.父母会因你学业有成而倍感骄傲吗? 还是不论你做得多好,都会对你的成绩吹毛求疵或置若罔闻?

5.在你学业上所不擅长的领域,父母是不是或多或少会表现出有些失望?

6.你是否非常擅长某个领域,比如音乐、美术、某项运动或某个具体学术方向? 你会不会因此认为,孩子要想成功,就必须从很小开始勤学苦练,才能成为人上人?

社交方面

请回忆自己的交友经历,回答下列问题:

1.你通常习惯于社交场合吗? 你在这种场合通常会充当什么角色? 是置身事外的局外人、有很多朋友的交际花,还是不讨人喜欢的讨厌鬼?

2.你更喜欢和很多朋友同时交往，还是每次只想交往一两个朋友？

3.你能想起最要好的朋友、亲密无间的友谊或美好的友情时光吗？

4.你曾经被他人冷落遗忘、呼来喝去或调戏捉弄吗？

5.你有过不知道如何结交朋友的情况吗？

上面这些问题，其中是不是有些让你如芒在背，让你回忆起了自己当年坐立不安的经历？当我们静下心来，重温自己走过的路时，则会发现，自己也曾经是个对一切懵懂的孩子，正是我们所处的家庭环境、受到的教育、结交的圈子让自己变成了今天的样子，让自己拥有了而今的缺点和优点，虽然我们并不完美，但我们独一无二。

因此，我们也应该护佑自己的孩子，让他们也能成为独一无二的自己，而不仅仅是某某的儿子或女儿。未来很长，他们终究要独行，我们与其一厢情愿去干涉他们的生长自由，不如站在分界线的另一头，尊重他们本应成为的样子。

所谓最好的育儿，并不是要将他们训练得唯命是从，也不是举手投降，放任自流，而是学会进入孩子的世界去理解他们，让他们明白自己的父母既是权威的，但同时又深深爱着自己。

只有明白了这一点，我们才能做到引导孩子，而并非是控制孩子。

幼儿期正是孩子摇摆不定、反复无常的时候，身为这一阶段孩子的父母，我们的压力会特别大。有些父母急得直揪头发，风度全无，深深怀疑自己是不是做错了什么；有些父母则退缩不前，亲子交流甚至变得毫无成效。

　　无论你曾经陷入哪种为难的局面，都请不要着急，更不要放弃，我们都曾这样过。世界上没有完美的父母，但却有着很多爱孩子、希望孩子拥有美好人生的父母，为了孩子们的未来，我们的自我改变是必然的，同样，自我认知也是必需的。

　　当我们划分清界限、看懂了自己并学会从孩子的角度去看事情时，我们也就选择了一条对孩子未来更有裨益的道路。

　　除了做到以上几点，我们还必须要杜绝育儿过程中的一些误区，防止自己原本出于"为孩子好"的目的，却最终事与愿违、做出伤害孩子的事情。

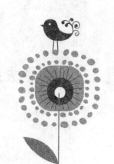

PART 4

羞辱孩子是为了孩子好？大错特错！

How toddlers thrive

激将法是最愚蠢的教育方式，没有之一

常常会有父母向我这样抱怨自己的亲子关系：“我的孩子最近似乎很讨厌我，每当看到我走进他一米的范围内，就会噘着嘴让我走开。”“她不再喜欢跟我一起玩了，而且已经这样两周了。”虽然说幼儿期的孩子总会阴晴不定，但是，我们或许没有意识到，有时候之所以孩子和我们表现得不亲密，不是因为孩子冥顽不化，而是我们太过自以为是，忽视了对他们自尊的保护。

几乎每个家长都有过一厢情愿的时候，我们总是希望孩子能按我们的设想去勾画世界，按我们的意愿去采取行动，甚至为了达成这一目的，很多家长不惜用激将法去刺激孩子。我们觉得自己所做的一切是用心良苦，是为孩子好，他们迟早有一天会明白，但是却常常忘了，这些看似意义深远的举动，其实并非是真的爱，而是我们控制孩子的手段。我们在想方设法，让孩子成为我们希望他成为的那个人，而非他真正努力想成为的那个人。

而这样做的结果就是，亲子关系会因此陷入紧张，我们错失了理解孩子眼中世界的机会，而孩子的自我意识也会受到打击，容易变得偏激。

幼儿期正是孩子自我意识发展的时期，他们的大脑正处于快速发展的阶段，但却离成熟差着十万八千里，他们对于自己的认识初露萌芽，不过很不稳定，他们好奇"我是谁"，却并没确立完整的概念。在这种矛盾中，孩子们最需要的，就是被认同的感觉、被信任的感觉和自信的感觉。但也正因如此，孩子们在亲子过程中，才会更加容易受伤。因为对于孩子来说，父母是他们最可信赖的人，也是最可以给他们以上那些重要感觉的人，他们期待可以从父母那里得到鼓励，得到认可和自信，但父母们在干什么呢？在固执地用成年人的眼光去审视孩子们的行为，并且用各种方式试图控制孩子！而在这个过程中，父母为了能让孩子"听话"，总是不知不觉就让孩子有了羞辱感，这简直太可怕了！

　　羞辱感对育儿来说到底有多致命？毫不夸张地说，羞辱感会摧毁孩子所能拥有的一切！

　　当我们哄孩子上床睡觉时，当我们逼孩子早起出门时，当我们强制孩子吃某种食物、穿某件衣服时，当我们要求孩子好好表现、必须与人分享时，孩子都会感觉到真真切切的羞辱。尽管我们的初衷并不坏，我们或者仅仅是想保证孩子的安全，或者是试图管教他们的行为，再或者是尝试教会他们为人处世，然而，所有这些本意良好但方式错误的努力，最终都会适得其反。

　　对孩子使用激将法，不仅会让孩子难以接受，并且也会给家长自己造成压力。很多家长都曾向我抱怨，每次亲子过程中孩子总是跟他们拧着来，他们感觉自己忙忙叨叨却毫无效果，心情于是变得很压抑。其实，这就是家长心中"控制"的念头与孩子心中"自由"的想法产生了分歧，孩子的生活中，很少有什么是父母不想控制的——而孩子全部的天性却都在呼唤着："我要自己做！"

如果我们意识不到这一点，那就很容易试图去控制孩子甚至在情急之下羞辱孩子，最终弄得鸡飞狗跳，我们筋疲力尽，而孩子的感觉更糟糕，他们会对自己产生怀疑，认定自己不够好，没有资格获得父母的爱。尽管没有父母希望伤害孩子，但事实上，我们确实总在无意识地这么做着。

为什么我总在强调，在育儿过程中，一定不能用羞辱孩子的方式去控制孩子呢？

因为，我们要让孩子学会接受全部的自己，包括那些缺点和不足，让他们明白既有优点又有缺点的自己，才是真实可爱的自己。在幼儿期时，孩子其实已经开始明白，自己会表现出好的一面（比如感到幸福、快乐，愿意和他人相处），有时自己会表现出不好的一面（比如感到愤怒、害怕，不听话，想攻击他人）。以上这些，都是幼儿期自然的感受和反应，但孩子自己不可能全然明白这些道理，他们需要成人的帮助才能学会接受自我，接受自己既有优点又有缺点这一事实。

毫不夸张地说，从幼儿期开始，每个人都要斗争很久，才能接受时好时坏的自己。然而这场斗争对于孩子们来说，是一场必须取得胜利的斗争，因为他们需要亲自去验证：即使是这样一个有着缺点、并不完美的自己，也仍然有机会改正错误、继续前行，而不是因此羞愧得无地自容。

而这也就意味着，在这期间父母可以引导，但不要过多参与，更不能以"为孩子好"为名，人为地用羞辱孩子等手段改变他们发现自己、接纳自己的过程。

这一点对于幼儿期的孩子尤为重要。如果他们因为父母附加在自己身上的羞辱，而无法接受自己身上那些缺点和消极的情感，那么就很容易一生为其所困。

幼儿期是孩子大脑发育和自我发展的关键阶段，而羞辱感则会极大地抑制孩子自由自在表达情绪的能力。孩子们会因为过于担心犯错，害怕会变成父母口中的坏孩子，而放弃好奇探险，放弃以自己的方式了解世界，他们不再对未知的外界感兴趣，反而是将全部精力都投入到了"我是不是好孩子？我到底够不够好？"这上面来。

一旦他们的父母让他们体会到了羞辱感，那么孩子就会觉得自己确实不够好，这时的他们往往只会做出两种极端选择：要么恼羞成怒；要么干脆隔绝了自己的情绪，让自己的情绪陷入麻木，直到再也感觉不到任何情绪。

这两个极端，都让孩子没办法感知到自己的真实情感，感受不到自己的需要和意愿，乃至最终感受不到其他人的存在。他们会因此成为经常自我怀疑的人，会常以为自己有着致命的毛病，他们难以和人愉快地相处，就更别提照顾别人了。

即使是最先进的脑部医学技术，至今也无法搞清羞辱感到底是怎么阻碍孩子的身心健康的，我们只能看到羞辱带来的种种真实的坏处，却无法掌握其作用原理，无论从哪个角度去看，这都是件很可怕的事情。而这一现实也提醒着我们，一定不要以羞辱孩子的方式去改变他们，尤其是在幼儿期，因为那些伤害一旦造成，我们甚至连弥补的方法都难以找到。

不要以为幼儿期的孩子对一切还都模糊无知，事实上，他们对于羞辱感有着强大的敏感。羞辱感就像是病毒一样，会阻碍孩子发展出自我调节能力。如果孩子无法正确解读自身的各种情绪，如果他们总是在羞辱中误以为那些消极的想法和情绪是不好的，是会给自己带来非议的奇耻大辱，并从而产生了严重的排斥，那么他又怎么可能去管理这些情绪呢？

羞辱之下，年幼的孩子们会走向一个个极端，他们根本无法学会自我安慰，无法学会让自己冷静下来，无法在情况不妙的时候还能相信自己会安然无恙，更无法在压力山大的时候坚持自我而不崩盘。

孩子的自我调节能力萌生于幼儿期，并随着年龄的增长而增强。而自我调节能力的建立恰恰必须基于两点：一是父母在孩子受挫时，会施以援手；二是孩子能明白，事情有时候难免会发展得不尽如人意。

这两点无论哪一点，都需要父母始终守护在孩子身边，给予他们接受现实的勇气。而倘若这时父母给予的不是支持，而是羞辱，那么孩子的需求则根本无法得到满足，他们的心理也就不可能得到健康的发展。

不像孩子那样思考，你就等着瞧吧

　　每次说到父母常会羞辱自己的孩子，不少父母就感到十分冤枉："那可是我辛辛苦苦养大的孩子，是我的心肝宝贝，我怎么可能会故意去羞辱伤害他呢？"很多父母都是这样，觉得自己不可能做出羞辱自己孩子这样的行为，而结果呢，就是他们在无意中一而再、再而三地让孩子感受到了羞辱。

　　为什么会这样？

　　因为我们在育儿中总是习惯从自己的视角出发，我们觉得自己是在帮助孩子，在尽职尽力地履行父母的职责。但问题的关键就在这里：**孩子的成长，很少可以按照父母设定的轨迹去进行**。孩子们艰难而兴奋地尝试着各种第一次，他们第一次试图离开我们，第一次自己吃东西，第一次独自游戏，第一次独处和群居，第一次与他人交往，第一次运用身体能力，第一次独自安然入睡，第一次控制情绪、管理挫败感，第一次应对失望、不幸及其他的生命插曲。在这些尝试的过程中，我们都要谨记避免羞辱孩子，不管是有意还是无意。孩子一旦在这一阶段感觉到了羞辱，就会产生严重的自我怀疑。

91

　　大家可能会奇怪——父母为什么会羞辱孩子，会羞辱这些他们视之为生命的挚爱之人呢？原因很简单，因为大多数父母并没有意识到自己在做什么。

　　这些父母教训孩子、为难孩子或者试图控制孩子，但他们自己并不明白这一系列举动除了会带来羞辱，并没有任何益处，正相反，他们觉得自己如此辛苦地指导孩子的行为，全都是因为"为了孩子好"，为了孩子能够成为一个有出息的人。

　　父母们以为孩子总有一天能感谢自己的苦心，完全没有意识到自己已经贬损了孩子纤弱的自我意识，压抑了他们某些关键人生技能的发展。

　　如果你不相信你是位会羞辱孩子的家长，那不妨思索一下下面这些问题：想想看，你是否因孩子选择穿什么衣服而大发议论，或大肆批评？是否熟视无睹地当着孩子的面和别人谈论他？是不是当着他的面拿他和别人家的孩子相比较，并且觉得他有些地方不如别人？

　　如果你曾经做过类似的事，那么，你就是在以爱和关心的名义羞辱着你的孩子。我们做出那些事本意并不是伤害孩子，可是，也正是这些看起来美好的意愿，却让我们无法保护和抚育好自己的孩子。一切症结就在于：当孩子开始出现自我意识的时候，我们却正好是对孩子有所企图的阶段。

　　我们或许早就期待让孩子成为怎样的人，并且努力将孩子塑造成理想中的样子，但对于孩子来说，他们才不知道父母心中有着怎样的念头，他们正在努力变成他们自己。于是，矛盾就产生了，只要我们对孩子强加干涉，就等于在要求他们改变现在的样子，等于否定了他们本身，否定了他们的真实感受。

幼儿期的孩子性格通常都很顽固，他们还不知道怎么去倾听，而且很容易走极端——要么缩手缩脚，要么胆大包天。可以说，整个幼儿期，就是一个不断折腾的过程，孩子们的行动通常要比思维还快，他们一会儿跳下近乎笔直的斜坡，一会儿将自己刚造好的漂亮沙堡弄坏，一会儿又大晴天穿着雨靴跑来跑去，他们的变化实在太快，以至于父母们通常跟不上孩子的节奏，逐渐陷入焦虑，并最终忍不住以羞辱的方式去达成目的。

那么，我们应该如何既不袖手旁观，又能不让孩子感觉到羞辱呢？其实，父母只要牢记一点即可：稍安勿躁，少说话，不评判，不强迫，不代劳，时刻守护左右，只在孩子需要时给予帮助和安慰。

下面这个例子，能让我们更好地理解如何避免因为自己的好心而让孩子感到羞辱：

杰里米是个3岁的小男孩，他酷爱自己的一件蓝汗衫，不管什么天气，也不管这件汗衫有多脏，杰里米每天都要坚持穿着它去上幼儿园。也正因此，杰里米每天都在和妈妈作斗争，妈妈总是责怪他："你不能每天都穿这个，每天都穿同一件衣服可不好，你看看你身边的人，有谁是这个样子？"

杰里米固执地看着妈妈："不，我需要我的蓝汗衫。"

"你不需要你的蓝汗衫，你可以穿这件红汗衫，或者穿这件蓝白条纹的！总穿同一件衣服，会让别的小伙伴笑话的！"

这场关于蓝汗衫的斗争可谓是旷日持久。有时，杰里米赢了，穿着他最爱的蓝汗衫高高兴兴上幼儿园去。有时，妈妈藏起了那件蓝汗衫，杰里米只好闷闷不乐地去上幼儿园。

在杰里米的妈妈看来，孩子总穿一件衣服是不可理喻的行为，和孩子的年龄一点都不相符，而且，会让别人以为自己是个不称职的妈妈。只不过她在说出"你看看你身边的人，有谁是这个样子"时，却并没有想过，自己的孩子之所以会这么喜欢这件蓝汗衫，充分证明了对他而言，这并非是一件普通的衣裳。其中一定寄托了一些重要的情感，比如这件衣服让他感到心安，让他有熟悉的暖意，或者是让他觉得自己不孤单。无论是哪一种情感，如果杰里米的母亲能够明白自己的孩子需求是什么，这无异于比让孩子成功换了一件衣服有更大的成就。

父母应该透过现象，看到孩子的真实需求，而不是抱怨孩子，依靠羞辱来让孩子改变。孩子们是无法透过那些羞辱感领会到父母的苦心的，他们能想到的只是"我这样是丢人的""我肯定有什么毛病""妈妈不喜欢我了"。虽然这些都不是真的，但是小孩子怎么可能分辨得清。于是，父母眼中的善意纠正，则常常被孩子简单理解成"因为我想要自己需要的东西，所以我肯定是坏孩子"。

有时候，这种羞辱感不仅存在于语言中，还会透过父母的行为让孩子感知到。比如，你看到自己的孩子将积木高高堆起后，又尖叫着推倒，于是你赶紧帮孩子堆了一个大城堡；再比如，你看到孩子玩拼图玩得兴致盎然，却总是拼不整齐，于是你伸手帮孩子把图案拼完整。你以为你是在身体力行地教孩子怎么做才是正确的，然而事实上，孩子们通常并不会高兴，他们会沉默，会假装看不见，甚至会推开你，抬腿就走。

你一脸疑惑，不明白为什么自己的宝贝突然就垂头丧气起来。

答案其实很简单，你的行为让他们觉得——伤！自！尊！了！

在孩子看来，你的那些行为其实在释放着一个信号——你能力不足，做不了这个。他们由此感到挫败，感到自己没资格获得尝试的机会，我们的一片好心却帮了倒忙，剥夺了孩子的积极性和主动性。

说起来，这些事情单拿出来一件，都是育儿过程中的小事，但是如果我们习惯了这种对孩子的纠正和干涉，那么孩子就会长久处在羞辱感中。父母纠正孩子不恰当的行为，原本是天经地义的事，因此总是会给孩子做出示范——你看，这件外套很好看，你看，这么搭积木最稳当。只是我们常常在善意的纠正中忘记了一点：处在学习位置的是孩子。

成年人对于学习的理解常常是走简约路线的，通常觉得自己示范一遍对的，孩子就能有样学样。但对于孩子来说，学习并不是这样的含义，他们所理解的学习，是在不断尝试甚至犯错中不断确认自己。即使他们做错了，失败了，但是他们也会兴致盎然地自己找其他的方法试试看，直到弄明白了为止。在这个过程中，孩子变得更积极更主动，也更加自信自立。

因而，我们看似只是在纠正他的行为，实际上，是在无形中否定了孩子本身，这后果远远要比我们估量的严重。

想要杜绝这种因善意而造成的羞辱，我们就要时刻谨记从孩子的角度思考问题，不能假设孩子能完全理解我们的用意并欣然接受，不能假设孩子甘愿放弃自己尝试的意愿而模仿我们。

孩子需要依靠自己的力量去证明自己，只有这样，他们才能明白自己能做什么，不能做什么，才会因自己所取得的进步而欢欣鼓舞。他们需要的不是在家长的代劳下将事情做到一百分，而是在事情虽然不尽完美时，也可以大喊一声："太好了，我做到了！"

即使对好脾气的孩子，也不能羞辱

有时候，我劝父母们不要对孩子总是过分纠正，有些父母会不以为然地回答我："没关系的，我家孩子性格很好，没那么敏感。"

的确，这个世界上确实存在那么一群脾气很好的孩子，他们在父母的眼中简直就是无比乖巧的小天使，四个月的时候就能睡整觉，吃喝不挑剔，按时按量喝奶，与人友好，并且在聚会时从不吵闹。

但即使你的孩子是这么一个众人眼中的小模范，可却并不等于我们就可以随意对待，并不等于我们可以忽略他们的感受。

事实上，孩子在我们眼中所表现出来的温顺，有时候很可能并非是孩子真实性格的表达。我们总以为幼儿期的孩子是丝毫不会伪装的，但其实，他们的温顺和服从，或许也存在着讨好我们的可能。而一旦这种情况发生，则比与孩子发生争执还要糟糕，因为这些我们所津津乐道的"听话"、"恭顺"、"有求必应"，是以牺牲孩子真实的自我为代价的。

吉莉安是个可爱的 3 岁小女孩，我在她 18 个月大就认识她了。吉莉安 2

岁时已经会用小马桶了，而且和其他孩子也相处得很好，平日里吉莉安总是快快乐乐，脾气一直很好，也非常适应晚接早送的幼儿园生活。因此，当我得知吉莉安在家里大发脾气时，才会格外吃惊。

那是发生在寒假之后，刚满 3 岁的吉莉安突然非常排斥去上幼儿园，每天她都在家里生气地跺脚，然后眼泪汪汪地赖在地上："我不想去上幼儿园！"面对女儿忽然显示出来的不服管教，吉莉安的母亲显然没有思想准备，她忧心忡忡，却一点都想不明白，往日里性情平和的小宝贝，怎么就成了这个样子？

我问她："家里是不是有什么变故？"

妈妈表示家里并没发生什么事。

我随即和吉莉安单独相处了一个上午，这期间她积极参加活动，和所有的好朋友共同游戏，并没有任何迹象表明她有什么问题，或有什么焦虑之处。

下午，吉莉安的妈妈来接女儿时，很是踟蹰了一会儿，然后走过来对我说："我今天一直在回想您的话，琢磨家里是不是有什么改变。然后我想起来，我们大概在一个月之前领养了一只小狗，这是吉莉安的主意。自从她的好朋友有了一只小狗之后，她一直求着我也要养一只。我和我丈夫都觉得很好，觉得这可以培养吉莉安的责任感，另外，吉莉安是独生女，我们也觉得小狗可以好好陪陪她。所以我们养了小狗鲁鲁，而吉莉安也很喜欢它。"

我赶忙问，家里是谁来照顾新领养的这只小狗？结果和我猜测的一样，3 岁的吉莉安肯定不会做遛狗、喂狗粮之类的事，做这一切的都是她的妈妈。

这下我找到问题的症结了，吉莉安突然大发脾气的原因，就在于对小狗的照顾权。一方面，吉莉安的父母貌似是把小狗鲁鲁送给了女儿，由女儿负责照看和照料；另一方面，小狗鲁鲁的实际照顾人却是吉莉安的妈妈。这让吉莉安的处境很难受：到底是不是自己负责照顾小鲁鲁呢？既然父母已经答应了由自己照顾小狗，现在为什么又抢走了自己照顾小狗的权利？

面对这样前后矛盾的变化，吉莉安难道不应该焦虑吗？不应该迷惘甚至愤怒吗？

总是突然大发脾气、泪流满面的吉莉安其实是在告诉我们，她既生气又焦虑。而考虑到她窘迫的处境，这些情绪都是恰当的、自然的、可以理解的。

正如我前面说过的，所有的孩子都有消极情绪，而且也应该有消极情绪。只不过所谓的"好孩子"习惯于埋藏或压抑这些消极情绪，而这仅仅是因为成人希望他们这样！但是，如果孩子被逼迫到一定程度，那么即使是平日里最温顺的、容易相处的孩子也会情绪失控。

这是正常的现象！实际上，这也是孩子身心健康的体现！

对任何孩子来说，压抑诸如愤怒、沮丧、悲伤之类的消极情绪都是不好的，尤其对那些温顺的孩子来说更是如此，这会让他们越来越习惯于压制自己的情感。温顺的孩子过于迎合父母对自己的期待，慢慢变成了所谓的"好孩子"、"乖孩子"或"容易养育的孩子"，他们羞于表达自己真正的、真实的情感，而其中必然会有一些消极情感。无论我们承认与否，当这些容易相处的孩子一旦表达出沮丧、焦虑等消极情绪时，父母往往会格外惊讶和急躁，而这只会进一步加深孩子的误解，即"自己不应该有这些消极情感"。也就是说，在孩子的意识里，要想成为优秀的或体面的大人，就得一直好好表现、唯唯诺诺、乐意去做他人要求的任何事。

5 岁的小男孩亚当和家人一起移居国外，这个小男孩已经有好几年都是一个人睡了。可新家才安顿好，亚当却开始有了个新的习惯，他睡到半夜，就会爬起来去找父母。

爸爸尤其恼火亚当的这种新习惯，几次三番后，他对亚当说道："你已经很大了，不能和我们睡在一起了，你妹妹才 3 岁，她都能一个人睡自己的小床，你怎么就不行呢？"

亚当又羞愧，又窘迫，垂着头看向其他地方。

"这样好不好，"妈妈在旁边出主意，"如果你回到自己的床上睡觉，我就奖励你一颗小金星。"

又是贴纸！一种永远达不到初衷的育儿工具（后面有更详细的讨论）！

接下来的那个晚上，亚当又醒了，他又去了父母的房间。第二天早上，他的妹妹埃拉得到了一颗漂亮的小金星，就在她的名字旁边，而亚当的名字旁边什么都没有。于是，亚当更加羞愧，更加窘迫。

差不多两周过去了，每个白天都很漫长，每个夜晚却更加漫长。亚当的妈妈打电话给我，说明了他们搬家之后发生的事。这位妈妈感觉自己既焦虑，又迷惘，而且——非常困。

我问起他们在新家是怎么安排睡觉的，妈妈描述了现在住的这栋房子，父母的主卧在二楼，而孩子们的卧室在上面的三楼。

我告诉他们，很可能是因为亚当的房间和父母的房间不在同一层，这一巨大的事实变化足以打破亚当的睡觉常规。不要说亚当只是个 5 岁的孩子了，这个变化甚至于我们这样的成人，也是个需要适应一阵的改变。

　　"但埃拉怎么不受影响呢？她年纪更小。"妈妈将信将疑。

　　"但这不意味着亚当也不受影响，每个孩子都是不同的，我们绝对不能因此而说出让他感到羞辱的话。"我回答道。

　　这位妈妈陷入了沉默。

　　接下来，我建议她认可亚当的感受："你们要帮亚当认识到，搬到新的国家、新的城市或新的房子，确实都是巨大的变化，但你们可以帮助他适应这样的变化。然后，你们要让亚当知道，如果他半夜里需要来找父母，你们愿意在大床旁边再安放一张小床给他睡。"

　　又经过几个晚上之后，父母的耐心陪伴给亚当带来了安慰，他不再情绪烦躁，而且表现得越来越棒，现在，他很喜欢自己的新房间，并且跃跃欲试要去上幼儿园，结识新朋友，全家人都大大松了一口气。父母接受了孩子半夜想亲近自己的需要，而没有纠缠于孩子一定得待在他自己的床上，他们认识到了搬家带来的巨大变化，又尊重了孩子的感受，让孩子有了更多的安全感。

　　接受孩子现在的样子，认识到孩子的需要，会更有利于孩子继续取得进步。即使那些平日里表现得相当懂事温顺的孩子，也同样如此，甚至是更加应该如此。我们要避免孩子因惧怕羞辱而刻意压制自我、讨好成年人，而是应该主动用理解和满足孩子需要的方式去回应他们。

那些容易被我们忽视的羞辱

之所以把羞辱感当作育儿过程中必须规避的一大课题，除了羞辱会给孩子的成长带来难以弥补的伤害外，另外一个重要的原因就是，我们常常意识不到自己的行为或言语正在给孩子带来羞辱。

你有没有当着 3 岁孩子的面，无意间向老师或其他父母透露出他至今还不会用小马桶？

你有没有在孩子能听到的情况下，跟朋友提起他闹出的各种小笑话，或者提起他昨晚打雷时候偷偷溜进父母的被窝？

有时候，我们以为孩子听不懂我们的话，有时候，我们以为孩子不会对我们的话产生什么想法，于是我们总是会当着他的面说一些让他感到窘迫的事。孩子因此羞愧不已，而父母却浑然不知，还以为自己不过是讲了一个好玩的成长小插曲。

除了因为谈论糗事而让孩子感到羞辱，父母的过度保护，同样会让孩子产生羞辱感。

你有没有因为不想让孩子受伤，就阻止他去做某件事？比如孩子正兴奋地想爬攀登架，你却一把拉住他，大声告诉他那个攀登架太高了？

　　你有没有因为担心孩子不能适应，就拒绝了其他小朋友发来的生日宴请？

　　你有没有违背事实地骗孩子说某件事很危险？

　　每位父母都有保护孩子安全的责任，但这并不意味着我们可以为孩子做主。孩子其实很少会去做那些他们根本无法胜任的事，大多数孩子会根据自己的情况量力而行，只有在他们觉得需要支持时，才会求助于父母。倒是很多父母有些操心过度，一会儿担心孩子身体会受伤，一会儿忧心孩子无法应付公共场合，担心孩子没办法和小伙伴愉快玩耍。

　　其实，以上这些情况即使真的发生，对孩子而言也并不是坏事，他们只有先经历了这些消极的事，才能明白怎么应付它们。在这个过程中，父母可以支持孩子，帮助孩子经历意外的困境，并建立起信心，而不是因为怕他们受到伤害，将他们遮蔽在自己的羽翼之下。

　　过度保护只会打击孩子正在萌生的能力，让他们觉得"我做不了那个"。这种保护会逐渐转变成一种由外而内的羞辱感，让他们觉得自己不够好，对自己产生深深的怀疑，不敢尝试新鲜事物。

　　除了因为无心之失而让孩子窘迫，或因为过度保护而让孩子自卑，父母们还经常会因为自己的言语失当，而让孩子感到羞辱。

　　你有没有这样说过孩子："你现在是个大孩子了，你不能再做那样的事了。"

　　你有没有调笑过，甚至嘲笑过那些孩子略显幼稚的行为？你有没有责怪过孩子的言谈举止"太傻了"？

面对羞辱，成年人会感到气愤、失望、沮丧，但是反过头来，我们却将这些语言上的暴力同样施加在幼小的孩子身上。当我们不假思索地说出那些话时，或是以"我为你好"为目的说出那些话时，其实都是在用相当自我的方式让孩子感到渺小而无助，我们全然忘记了他们可能产生的负面感受——当孩子拒绝搬出婴儿床的时候，我们没有看到他内心的恐惧和脆弱，而是说"像你这么大的孩子，早就不睡在这里了"；当孩子大喊大叫的时候，我们没有想过他的反常表现背后隐藏着什么，而是不耐烦地告诉他"你现在的样子看起来可真傻"。我们每一次不以为然的话语，其实都足以给孩子带来羞辱和伤害。

我们前面不止一次地说过，2 岁到 5 岁的孩子都有一种想要离开父母的冲动，他们对于未知世界的好奇，让他们有了离开舒适港湾的渴望。在走向独立的过程中，他们会发现自己是谁，会了解到自己如何适应周围的世界。曾经大喊着让我们走开的小宝贝们，学着成为自己的主人，但他们并非真的不需要我们，而是更加需要我们的安慰和照顾。

如果我们不能理解孩子的世界，不能理解他们内心的真实需求，那么很可能就会轻易给孩子的行为下定义，并且做出让他们感到羞辱的事情。要记住，孩子还没有能力懂得我们的苦心，或谅解我们的无心之过，更何况，这样的要求即使是放在成人身上，也不是那么容易做到的。**我们不能要求孩子去做那些连我们自己都难以做到的事情，我们能做的，只是转换视角，学着站在孩子的角度看待问题，理解他们的真实需求，并以他们想要的方式，去陪伴他们成长。**

成长是一个浩大的工程，但也是一个充满琐碎细节的过程，一旦我们明白孩子尚且处在幼儿期，明白了这个年龄段孩子的发育特点，就能找到进入孩子世界的方式，并且帮他们找到有效的方法去应对生活中的一切——无论是交朋友、克服困难、控制情绪、建立规矩这样具有里程碑意义的成长事件，还是吃饭、睡觉、上厕所这样的日常小事。

　　没有哪个孩子的成长过程不伴随着鸡飞狗跳的喧闹，和鸡毛蒜皮的磨人小事，无论我们多么焦急或者多么生气，都必须谨遵一条——**羞辱无法帮助孩子成长，唯有耐心、尊重和爱才可以做到。**

PART 5

成长，本就是一堆鸡毛蒜皮的小事

How toddlers thrive

在规矩中长大的孩子，才能享受自由

　　研究育儿问题这么多年，我发现了一个有趣的现象——很多父母在谈及育儿理论的时候，全都能说得头头是道，他们了解最新的育儿观点，对育儿专家们的名字如数家珍，而且很愿意尝试那些新锐的育儿方法。

　　但是，一到了具体生活中，这些信心满满的父母却成了另外一副样子：刚才还说要和孩子做朋友的妈妈，而今正在崩溃地捶墙；一个小时前还决心要始终和蔼可亲的爸爸，此刻则皱着眉头马上就要吼出声来。

　　这到底是怎么回事？

　　原因就在于，育儿的过程，远比我们想象的要琐碎繁复。和孩子相处的时光，其实就是由一件件不值一提的小事串联起来，吃饭、睡觉、上厕所、玩玩具……每一件都在考验着我们的心性，但也常常会耗光我们的耐心，让我们重新变回抓狂的父母。

　　而这，也就是我之前一直强调要给孩子立规矩的意义所在——**规矩不仅可以让父母在育儿时更有章可循，而且对于孩子来说，越是有规矩的孩子，也越**

能享受自由，并从中获得裨益。

而立规矩的第一个要点，就是要建立时间感。对于幼儿期的孩子来说，他们是没有什么时间概念的，昨天对他们来说，跟半个月前没什么不同，而明天对于他们而言，则无异于下辈子。有时候孩子闹脾气想要吃某样东西，或者去游乐场，父母即使许诺明天就实现，孩子还是哭闹不止，于是父母们开始不满："就差一天而已，你怎么这么不懂事。"其实，并非是孩子不懂事，而是在他们的脑袋里，明天根本就是个遥遥无期的所在。

立规矩可以让孩子逐渐产生时间概念，比如我们告诉他："每天饭后读一个小时的故事书。"这一习惯持续一段时间后，孩子们大概就会对一个小时有了概念。而建立时间概念的目的不是让孩子墨守成规，每天严丝合缝地执行着时间表，恰恰相反，立规矩的目的，正是为了让孩子对于规矩的改变不再恐慌，不再觉得那是世界末日般的可怕和不能接受，并由此发展出灵活的适应能力，保障他们的成长，同时锻炼他们面对更多挑战。

立规矩会带来秩序感，而只有有了秩序感，才能发展出那些公认的人生关键技能，例如规划力、调度力和专注力。规矩既可以对孩子的行为进行合理约束，又为孩子的生活各个板块划定了一条必要的界限，而规矩带来的秩序感，则可以内化成孩子的人生重要技能，并协助其实现成功的人生。

那么，父母究竟怎样才能帮孩子构建起一套规矩呢？

答案其实很简单——重复。

对于孩子来说，重复是非常必要的，任何事物的学习掌握都需要重复练习。

孩子不断重复练习一件事，直到精通擅长这件事，这就是他们学习的过程，这也是孩子舒适感最强的时候。尽管千篇一律地做某件事，通常会让成人觉得索然无味，但孩子们却喜欢这种感觉："明明白白的感觉真好！"

这里有必要再次提出一个育儿上的悖论：立下的规矩越多，孩子对于规矩外的情况越会心里有数，因此也就越能控制自己的想法、情绪和行为。换句话说，正是因为规矩的存在，让孩子学会了灵活。尤其是对幼年期的孩子们来说，这一点尤为明显，他们需要知道这件事情做完后，接下来会发生什么，哪个在先，哪个在后。规矩让孩子觉得一切尽在掌握，自己可以预料并控制接下来发生的事，哪怕那些事情脱离了之前的规矩，但他们也能对这样的变化产生概念："今天的晚餐时间要推迟一个小时？没什么，不过是读上几本故事书的时间。"

如果没有规矩存在，那么孩子就只能对一切变化被动接受，进而失去控制感。我的一位朋友曾这样描述她两岁的儿子：他正在睡前来回翻看图画书，听到妈妈说该上床睡觉时，小男孩边哭边嚷道："我才不睡觉呢，我正在高兴地看书呢！"在他看来，此时此刻唯一要做的就是快乐地看书，因为没有建立规矩，所以他脑子里完全没有现在应该上床睡觉的意识。

正因如此，我们才求助于每晚（至少大多数夜晚）的睡前常规，帮助孩子完成从一件事情到另一件事情的过渡："宝贝儿，我知道你喜欢这些书，那我们就先看完这本，然后就该好好睡觉了。"

规矩的存在，可以不断给孩子释放"该做什么"的信号，并在这种信号中让孩子实现不断成长。就拿睡前常规来说：孩子听到往澡盆里放洗澡水的声音，就知道"该去洗澡了"；洗完澡之后，他们就会知道要穿上睡衣；刷牙之后，他们明白接着会读两本故事书；读完书之后，他们知道自己会得到两个晚安之吻，然后关灯，睡觉。

　　幼儿期的孩子并不像我们，可以按时间组织自己的生活，他们的大脑结构还尚未发育成熟，不能靠自己组织想法和行动。这时候，就是父母们出手的时候了，他们需要我们为他们构建起一套规矩，之后他们自己学着去遵守规矩、打破规矩，最终锻炼出重要的自我调节能力。

守规矩重要，打破规矩更重要

尽管规矩很重要，能带来秩序感，但这并不意味着父母必须要求孩子呆板地对待每一天中的每一条规矩。相反，父母的思路应该是：首先，建立基本的规矩，引导孩子去面对那些日常任务，比如穿衣、吃饭、睡觉、出门等；下一步，就是要培养孩子的灵活性，让孩子能够承受因环境变化造成的冲击。

规矩为孩子设定了既定的秩序，让孩子可以回归熟悉的场景，保障了他们总能感到踏实和舒适。当孩子们意识到自己尽管暂时偏离了规矩，但依然还是可以回归规矩中时，他们才会放心大胆去探索，并由此拥有了灵活性和机动性。

几年前，我们的幼儿发展中心要搬到原地址附近的一个公园里，对于孩子们来说，"搬家"是个巨大的变化，他们在此之前完全不知道这个公园。为了让孩子们作好准备，我们在学年快要结束的那个月举办了一次告别会，介绍了新的场地和发展中心即将发生的各种改变。

然而即便如此，孩子接受改变仍然需要时间。第一次在公园里上课的时候，刚刚 3 岁的伊莲娜在沙池里玩得不亦乐乎，突然，她停了下来，走出了沙池对老师说道："我不玩了，我们现在回学校吧。"老师轻声地提醒伊莲娜，大家已经跟旧学校道过别了，从此以后，大家都要在这个新的公园里上课、做游戏。伊莲娜想了一会儿，便回到沙堆边继续做游戏了，可是这一天里，伊莲娜好几次玩着玩着便突然停下来，说自己准备要回原来的学校，对此，老师很理解她的心情，于是一次次耐心地告诉她发生了什么。

第二次在公园上课时，伊莲娜显然已经熟悉了新的规矩，这一天到了加餐的时间，她甚至等不及老师的召唤，就自己跑过去领食物了。所谓规矩就是这样，一旦建立好，就像是输入了一个新程序一样，孩子会自动运行，并乐在其中。

只不过，规矩会帮助孩子获得秩序感，但具体到每一个孩子身上，情况也会存在差异性。这种差异性一方面取决于孩子自身的天性，另一方面则取决于孩子的生活经历。

迈卡是家里的长子，3 岁的他刚开始上幼儿园。迈卡很喜欢幼儿园轮流值日的规矩，每天回家，迈卡都不停地念叨今天是星期几，是谁当值日生，明天、后天分别是星期几，又将是谁当值日生。显然，迈卡喜欢井然有序的东西，喜欢例行的值日常规。值日这种规矩让迈卡有了舒适感，他心安理得地认为：星期几谁做值日这种秩序是永远都不会变的。迈卡的思路很直白："今天是星期一，明天就是星期二，到了星期二，我来当值日生。"只用了十月份一个月，迈卡就完全接受了这个规矩，而且对自己能知道这些事情感到非常自豪。

但接下来到了十一月，在老兵节放假的那一天，虽然没到周末，但孩子们就可以不上幼儿园了。对于很多人来说，这只是个平常的假期，而对于小迈卡而言，却并非如此。当妈妈突然宣布"今天虽然是星期二，但也不用去上幼儿园"

时，小迈卡真的被吓坏了。

迈卡开始呜咽起来，他边哭边喊："不，我要去上幼儿园，今天是星期二，星期二就要去上幼儿园！！"迈卡很习惯已经建立好的规矩，已经习惯了规矩带来的生活秩序感。可是，突然之间，正当迈卡觉得一切尽在掌握的时候，出现了突如其来的变化，这太令人无法接受了。

这种打破规律的变化常常会令孩子非常迷惘，尤其对于迈卡这种热衷于遵守规矩的幼儿期孩子，更是如此。当然，他的同龄人中也有些孩子会更灵活一些，但对于迈卡来说，让一切井然有序才是头等大事。不管是有规律地去上幼儿园，还是有次序地摆放好玩具汽车，都是如此，如若不然，迈卡就会崩溃。

迈卡对规矩有一种执着，他可以花很长时间，聚精会神地让火车轨道按特定次序拼接在一起，各个零件的摆放都有很具体的位置。如果某个零件放错了，迈卡就会大发脾气，冲妈妈大叫："它坏了！快弄好它！快弄好它！"

类似的情况反复了很多次之后，迈卡的妈妈来找我，她非常担心自己的儿子："迈卡是不是有什么毛病？比如偏执狂什么的？"

当然不是。事实上，我认为迈卡这种对于规矩的依赖，在将来会是他身上一种很好的品质：迈卡有主见，知道事情应该是什么样，他还努力避免出现事与愿违的情况。这种品质如果出现在大龄儿童或成人身上，则会被视作坚持不懈、不屈不挠，而这正是成功解决问题乃至实现成功人生的重要技能之一。而同时，随着大脑的发育和经验的增长，迈卡的灵活性也会随之逐渐增强。

我向这位忧心忡忡的妈妈解释，处于这个发展阶段的迈卡暂时还不能理解，即使打破一下常规，也是没关系的，就像他不能理解火车轨道的排列变化，和火车是不是能正常开并没有什么关系一样。迈卡目前只能看到规矩，还没有发展出打破规矩的灵活性。

于是，迈卡的理性不足以理解规矩的改变，比如，他不能理解老兵节所在的星期二为什么会和往常不一样。他的大脑仍然不能切换模式，仍然不能接受这种对规矩的改变。不过没关系，万事都有个循序渐进的过程，相信假以时日，迈卡一定会在父母的引导和提醒之下变得更加灵活。

那么，是不是所有 3 岁的孩子都会像迈卡这样？当然不是。

每个孩子都是独一无二的个体，不仅是说他们不是父母的拷贝，还指每个孩子之间都是不一样的。比如别的孩子如果遇到和迈卡同样的情况，或许就不会反应如此强烈，甚至根本就无所谓。无论孩子作出怎样的反应，或者和别人的反应有多么不同，这都是正常的，不代表孩子存在着什么问题，只不过，有些孩子格外需要父母的引导而已。

有些孩子会因为规矩被破坏而不知所措，另一些孩子则会很快回归正常，极少数孩子甚至会完全意识不到改变。但这种差异随着时间的推移，会越来越小，总有一天，几乎所有孩子都能更灵活地对待规矩。

孩子不是生下来就知道怎么面对改变的，他们在发现规矩被打破的那一刻，会感到担心和焦虑，这是因为孩子失去了规矩所带来的舒适感，失去了那种一切尽在掌握的放松感。无论在我们看来，这改变是多么微不足道，但是对于幼儿期的孩子而言，却都足以让他们大吃一惊："那种熟悉的感觉怎么不见了？

这是怎么回事？为什么会发生这些我不知道的事？"再小的改变，对尚且未曾经历过改变的孩子来说，也不啻于一场大地震。

比如有位妈妈说起自己 4 岁的儿子有天晚上坚决不去睡觉，平时只需 30 分钟的睡前安抚，那天被拖延成两个多小时。他一会儿要喝水，一会儿去洗手间，一会儿哭着不让妈妈离开，一会儿还跑出房间来追妈妈。总之，他要尽了各种花招，但就是不去睡觉。

我试着和这位母亲一起搞清楚这到底是怎么回事。我问这位母亲，是不是家里、学校里有什么事困扰到孩子了？答案是没有。

那么是不是家里有客人了？有大事要发生了？有东西改变了？答案全都是没有。

我接着问，是不是孩子熟悉的某项规矩发生了变化？这位母亲迟疑了一下，然后告诉我："每天晚上，我在陪他看完故事书之后，还会给他唱一支催眠曲，然后就是很简短的晚安仪式。但昨天晚上，我真的想和丈夫一起去看一个电视节目。而且昨天我还下班晚了，到家后只想赶紧让他上床睡觉。结果，我一着急就忘了唱催眠曲，而且也忘了完成每晚的晚安仪式。"这位母亲一开始没有想起这件事，是因为在她看来，这不过是个小变化，是件不值得一提的小事，但正是这点变化让小男孩抓狂了一个晚上。对于这个例子中的小男孩来说，睡前的规矩不只是和妈妈共处 30 分钟，而是必须要听到那首催眠曲。

父母在为孩子建立规矩的时候，不仅要建立适合自己家孩子的规矩，而且要重视每一次规矩的变化，即使在我们看来，那变化是多么微小。有时候，父母对于变化避而不谈，或者假装一切都一如既往，觉得孩子根本注意不到这一点，但结果往往适得其反。即使孩子这一次没有因此而有异常，但迟早会因为同样的原因情绪失控。

　　所以，父母最好教孩子直面规矩的改变。

父母怎么做，孩子最接受

父母应该怎么做，孩子才能接受规矩所发生的改变呢？

答案就是从小事做起。

让孩子接受家里突然造访的远方客人；让孩子明白，学校今天要暂时停课；在停电或 iPad 坏掉、看不了动画片的时候，让孩子知道发生了什么。从帮孩子征服这些小改变做起，逐渐培养孩子有底气地处理人生更大的变化和压力。

可见，对于每一次规矩的改变，父母都不能掉以轻心，时刻要战战兢兢地担心孩子情绪崩溃，并且要让他们从改变中最终获益，锻炼出适应改变的能力。

具体说来，当规矩被破坏时，父母要先认识到，孩子可能会不喜欢这种改变，进而明白自己的职责是引导孩子能应对随之而来的焦虑感。父母要让孩子确信，规矩被打破的情况只是暂时的，而这种改变对于生活是没有妨碍的。当父母给孩子传递这样的信息时，也建立起了孩子对父母的信任感，孩子一方面知道自己可以依赖父母来告诉自己将要发生的事，另一方面，也知道父母将会帮助自己面对将要发生的事。

打破常规通常包括两种情况，一种是意料之中的变化，另一种则属于意料之外。

　　所谓意料之中的变化，就是那种我们可以对改变的过程和结果进行描述的，比如告诉孩子："今天你醒来后会看见奶奶，因为我一早要去上班，所以奶奶过来照顾你。我会回家吃晚饭，那时你就会看见我了。"或者是："你可能不喜欢这样，但明天是星期二，会很有趣。平时你在星期二会去上幼儿园，但这个星期二有点不一样——你不用上幼儿园喽！"这类意料之中的变化，通常都是父母很明白将要发生些什么，在告诉孩子时，父母要注意，一定要对即将出现的情况进行提前解释，但也不能过于提前，因为孩子是很可能不喜欢这些改变的，太早告诉孩子，容易加重他们的沮丧感。

　　而意料之外的变化，则是那些连父母也始料未及的情况，而这时孩子更需要我们对他们做出充满安慰和支持的回应。我还记得自己有一次带着 4 岁的儿子去幼儿园，那天很暖和，在下了一周的春雨之后，幼儿园的老师们决定一早就上屋顶的游戏区，尽管以前他们没有这么做过。我们到达幼儿园时，才听到这个消息，我知道，这至少对我儿子来说不算是什么好消息。他茫然地待在那里，然后开始无声啜泣——他的常规被破坏了，而他总是希望能预料到将要发生的事，他不喜欢这样的改变。我觉得他当时一定在想："等等！我知道规矩是什么。我知道每天到幼儿园后该做什么，那样挺好的，为什么要改变它？这是谁的烂主意？"

　　让人欣慰的是，幼儿园的老师此时也立即意识到儿子正因改变常规而感到担心，她向儿子保证，说老师们依然会照顾他，而且，随后也依然会有室内游戏的环节。为了帮助儿子接受这次突如其来的改变，我也陪着他们上到了屋顶，儿子看到了自己的老师和朋友都在这里。随后的那一周，我和儿子每天一早就开始讨论今天会怎么样，是在室内上课，还是在室外上课。终于，儿子学会了自我调节，不管是什么情况都可以应付自如了。

帮助孩子面对改变的过程并不容易，但这也是每名家长都必须面对的命题。多年的育儿研究和大量的真实案例告诉我，即使是成年人，也会因为规矩的改变而心神不宁。父母如果在面对变化时都无法保持镇定，那么慌张的情绪必然会感染到孩子，因此，父母必须要拥有淡定从容的心态，并且能在变化中帮助孩子培养出灵活性——让他们明白改变是暂时的，并且很快就能回归常态。

我见过很多担心过度的父母，一遇到变化，他们表现得比孩子还要紧张，在他们看来，只要发生一丁点的改变，孩子的生活就会全面崩盘。因此，有些家长会表现得相当固执，比如拒绝去见远道而来的朋友，而原因仅仅是这会导致要比平时晚些回家。他们坚称："我的孩子需要固守既定的安排，我在那个时间段必须出现在他床边。"

在当了将近20年的巴纳德幼儿发展中心的主任后，每到新学期伊始，我最常听到父母抱怨的一句话就是："怎么能把我的报名时间排在下午呢？孩子要是想午睡怎么办？他每天一到固定的时间就要午睡的。"这样的谈话，在每个夏天都会重复很多遍。有些父母甚至因为被安排在下午报名，就取消了孩子的入园计划，他们害怕改变孩子的午睡时间，哪怕只仅仅改变了一天。说实话，我很同情这些父母，我对他们的忠告是：孩子会自己适应的。身为父母，我的孩子也曾被安排在下午报名入园，那时我同样忧心忡忡，但他们的灵活性远胜过我们的预期。有些孩子开学当天没有午睡，但此后依然照常午睡；有些孩子则会自动调整，在开学当天将午觉提前一些，或睡得比平时稍短一点。由此我坚信一点：父母比孩子更难适应午睡常规的改变。

　　或许，不仅是午睡问题，还有更多的生活细节也是如此，有时候，孩子的紧张和焦虑，其实是受父母影响而来的。虽然孩子是独立的个体，并且需要自己去尝试很多新鲜事物，但是父母仍然需要发挥引导的作用，从每一个生活中的琐碎小事入手，让孩子正视规矩的建立和规矩的改变。

入睡困难户宝宝背后的真相

　　每个孩子的睡眠状况各不相同，但至少有一件事是可以肯定的：孩子只有休息好了，才能精神饱满地思考问题，从而控制自己的行为举止。但睡眠习惯，就像本书讨论过的其他任何事情一样，在孩子之间同样存在差异性。有些孩子天生就有很好的睡眠调节能力，他们能轻松入睡，能轻松睡上一整晚，睡醒后还能做到心绪平和、精神焕发；而另一些孩子，则需要成年人给予帮助才能入睡；还有些孩子，干脆就是睡眠困难户，每天折腾得父母已然眼皮打架，他们却还在尖叫着蹦来蹦去。

　　同样的，在谈论自己孩子的睡眠状况时，父母们的感受会大相径庭：有的父母感觉自己很幸运，他们的孩子每晚能睡 12 个小时甚至更多；有的父母觉得自己运气也不差，他们的孩子每晚能睡上 9 个小时；而有些父母则彻底犯了愁，他们的孩子每天晚上都会醒上好几回，每次都要大费周章才能再次入睡。

　　不仅晚上的睡眠状况各有差别，每个孩子的午睡状况也不相同，有的每天午觉需要两三个小时，有的只要 45 分钟就好。除此以外，不同的还有起床的时间，有的孩子五点半就精神奕奕地起来了，有的却必须睡到 8 点。所有这些，都是孩子天生的秉性。但无论如何，充足的睡眠对于孩子来说都是极其重要的，无论是从身体健康的角度，还是从精神状况的角度，他们都该有优质的睡眠，而父母，则有责任帮助孩子养成良好的睡眠习惯，这也是父母所能馈赠给孩子的一样隐形礼物。

只不过，对于很多家长来说，哄孩子睡觉无异于一场战争，每到孩子洗漱完毕、换好睡衣后，不少父母就开始在心里打鼓。为了让父母们更好理解关于孩子睡觉的种种，我们必须先直面孩子成长过程中的一个共同难题——分离焦虑。

成年人通常都很喜欢睡眠，但是对于孩子来说，却未必这样。孩子对睡觉并没有那么大的渴望，通常只有当他们真的很疲惫的时候，或者实在没什么事可做的时候，再或者发现自己需要在黑暗中独自待上好一段时间的时候，他们才会选择去睡觉。孩子之所以会在入睡前不停玩耍，或者磨着爸爸妈妈拖延入睡时间，是因为在他们的概念中，睡觉并不仅仅是睡觉，而是这一天中的又一次分离，并且非常漫长难挨——长达 9 到 13 个小时之久。

也就是说，想要让孩子能够顺利入睡，关键就在于让孩子战胜分离焦虑。

每年开学，都会有不少父母特意来咨询关于孩子睡眠的事情。有位妈妈这样说："我女儿在上幼儿园的时候表现不错，早上送她入园的时候高高兴兴的，和小伙伴玩游戏也玩得很开心，但不知道为什么，以前她能一觉睡到天亮，现在却几乎每晚都醒，每次醒了还都要找我。"在妈妈看来，自己女儿的睡前规矩被莫名破坏了，其实，这只是孩子陷入了分离焦虑的一种表现。她尽管能如妈妈所愿，在白天能克服分离焦虑，但在夜里，则会以更加强烈的形式表现出来，父母不要对此太过担心，育儿中的种种问题都需要我们亲自去面对，而且我们越是害怕什么状况，通常就会出现什么状况。

身为父母，我们不能独立地看待孩子的睡眠问题，事实上，睡眠困难往往意味着日常规矩的缺失。如果父母白天就没办法对孩子施加约束，那么一到夜里睡觉时，孩子就会更加乖张；如果父母白天妥协得太多，那么孩子夜里的睡眠也绝非易事。孩子只有在白天体会到了规矩的力量，晚上才能成功地离开我们。

而父母在为孩子不好好睡觉头疼不已时，也要学会反躬自问，看看是哪些原因阻碍了我们为孩子建立良好的睡眠常规。经过长时间的观察，我发现，有些父母是因为自己的历史原因，才难以约束孩子的睡前常规。回想一下你小时候，有没有想让父母陪着自己睡觉，但却被拒绝了？除了睡觉这件事，你有没有觉得父母从未给予自己足够的安慰？如果你出生在一个大家庭，那你有没有被人忽视的感觉？你有没有半夜被吓醒过或被惊醒过？你现在还是一到深夜就提心吊胆地睡不好吗？

如果你对以上某个或某几个问题的答案是肯定的，也不用太过惊慌，因为不是只有你一个人有这些感受，只不过这些过往的经历，确实会让你难以约束孩子，因为你总会担心自己会辜负孩子。我们只有先想清楚自己的问题，解开自己的心结，才能更好地给孩子以支持。

一位 3 岁半小女孩的母亲曾经这么跟我抱怨，说即便她花两个小时，好不容易让女儿睡着了，但只要自己一离开房间，孩子就总会醒来并且大喊大叫："妈妈你别走，我需要你！"每次她都会赶忙回去，可这种情况让她感觉糟透了！这位妈妈告诉我，她儿时是家里最小的那个孩子，因此父母总是逼着她一个人去睡觉，如果她请求父母陪着自己，他们就会很生气，而父母的情绪也会让她感到害怕。因此，她不想让自己的女儿也有相似的感觉。

　　实际上，这对母女的境况和上一辈并无不同，尽管这位因女儿而沮丧的母亲更值得同情一些。通常情况下，我们只要你追根溯源，就足以明白如何改变对孩子的回应方式了。上面的这位妈妈，在联想到自己的童年之后，很快就决定施加约束，为女儿建立良好的睡前常规："即使女儿生我的气，但一到早上就没事了，而这样做，能让大家都睡个好觉。"她告诉女儿，如果夜里想妈妈了也没有关系，她可以哭，但是要相信，一到早上就又能看见妈妈了。她还送给女儿一块自己随身带着的手绢，说这块手绢可以在女儿夜里睡觉时一直陪着她。规矩的建立总要花一些时间，但这位妈妈不徐不疾，稳步推进着自己的计划。结果如何呢？小女孩入睡比以前轻松多了，因为妈妈帮助她建立了良好的睡前规矩。

　　另一位年轻的妈妈也有着类似的经历，她因为新换了工作，经常要很晚才能回家，而她的儿子经常会在半夜醒来呼唤她，每次她虽然疲惫不堪，但都会有求必应，因为觉得白天无法在家陪伴孩子，心里十分愧疚。我告诉这位妈妈，或许，正是因为她的这种心理，所以才总是无法给孩子建立良好的睡眠常规。

最终，我帮她找到了解决问题的方法，她每天提前半个小时到家，这样一来，她的负疚感减轻了，面对孩子的请求也就没有过去那么纠结了。更多的相聚时间，让这位妈妈得以转换想法，为孩子建立良好的睡眠常规，而孩子也再一次以实际行动向父母证明，只要处理得当，他能做到的事情远比父母想象的多。

帮助孩子战胜分离焦虑，既需要父母关注孩子生活中发生的种种变化，也需要反思自己过往的经历。所谓成为善解人意的父母，不仅是指能从孩子的角度考虑问题，也指可以洞察自己的内心，从自己的过去考虑问题。

当你的孩子在睡觉前大喊大叫或者拉着你的衣角不让离开时，你不妨问问自己：他最近的生活发生了什么变化？家里是否有亲人和他相处的时光变少了？他是不是学会了什么新本领，或者是刚刚生了一场病？家里人的关系是否有些紧张？

要知道，任何事情都可能让孩子陷入分离焦虑，并由此渴求更多的安全感，我们能做的，就是理解孩子的这种心理，并帮他们建立好睡前的常规。

我们怎么做，孩子才能睡得好

毫无疑问，想让孩子拥有良好的睡眠，必须遵循的三个原则就是——立规矩，立规矩，立规矩！规矩两个字听起来生硬，但也正是因为有了规矩，才能引导着孩子逐渐放松自己，让他们得以愉快地进入梦乡。

规矩让孩子得以从活跃发散的状态中脱离出来，逐渐转入夜间越来越宁静的状态，这样等到孩子上床时，他就会身心放松，做好了入睡的准备。在我儿子还小的时候，我会在洗澡时调暗卧室的灯，洗完澡就为孩子上床换睡衣。在这一系列具有仪式感的规矩中，我发现孩子其实是很会接受暗示的，我们一边在柔和的灯光下共读故事书，一边打开嗡嗡作响的空气过滤器，创造出静谧背景下的白噪声，一旦读完故事书，就开始播放催眠曲，接着就是相拥吻别，互道晚安。

每个家庭的睡前常规细节都会有所不同，但重点在于，孩子会因为每晚履行这套简单的睡前仪式，而拥有良好的睡眠，并茁壮成长。睡前常规可以包括亲子共读、催眠曲、亲吻拥抱及任意的睡前仪式，然而保持常规的一致性，将这些仪式日复一日地坚持下来，则是帮助孩子建立良好睡眠习惯的关键，尤其是对幼儿期的孩子。

　　经过多年的研究和观察，我在帮助孩子建立睡眠常规上，得出了几条很实用的心得，希望可以给手足无措的父母们一些启发。

　　关于洗澡： 有些孩子会因为洗澡而宁静下来，但还有些孩子会因为洗澡而变得兴奋起来。如果是后者，那就应该在睡前常规中早点安排洗澡这个环节，或者干脆等到早上再洗澡。

　　关于电子产品和电视： 好多孩子一看到电视机、iPad 或者手机，就会双眼放光，所以，在睡前尽量不要让孩子接触到这些，哪怕它们能让孩子暂时安静下来，因为一旦关闭上电源，孩子则会立刻兴奋起来，甚至因此吵闹不休。

　　关于时间： 睡前规矩在具体执行过程中，要尽量简短，即使加上洗澡时间，也不要超过 1 个小时，如果能控制在 30 分钟之内更好。太过冗长的常规过程，会引起孩子的骚动，让他们更加忐忑那不可避免的分离。

　　关于尊重： 要尊重孩子简单的选择权，他们是想先看《维尼熊睡前故事》，还是《猫和老鼠》，就让他们自己做主好了。我们越是让孩子在这些简单问题上有控制感，他们才越能安心入睡。

　　关于催眠： 父母需要采取一些催眠的手段，帮助孩子入睡。不管是亲口给孩子唱摇篮曲，还是播放摇篮曲，都能有效地抚慰孩子的情绪，父母还可以给孩子讲故事，说些孩子在白天的经历。

关于分床： 一旦父母和孩子开始分床睡，父母一定要记得把孩子的小床放在房间最温馨舒适的地方。尽量保证孩子的床靠着墙，能在墙角处，是最理想的选择，而床的整体布置和装饰，也要让孩子觉得足够安心。

关于晚归： 如果父母有一方回家较晚，那么就尽量别在履行睡前常规期间回家，干脆等孩子睡着了再进门。对很多孩子来说，父母的归来会引起他们的骚动，不如等他们睡醒了，在早上的时候再见面。

有些孩子在上床睡觉之前，先要进行自己所希望的睡眠仪式。他们或者要按照严苛的特定次序，重新摆放好自己的玩具或毛绒玩偶，或者要精心挑选出一些东西，来陪自己上床睡觉，或者要按某种特殊方式，排列好玩具汽车或玩偶……还有些孩子，每晚都带着相同的依恋物一起睡觉。

有位妈妈曾经给我看过一张照片：她的孩子和 5 张小毯子、10 只小泰迪熊睡在一起，孩子坚持让所有毯子都卷起来、围着他，还精心摆放好了所有的小熊，而小男孩就酣睡在所有这些东西中间。如果你的孩子也需要按特定的次序摆放某些东西，那么就留出时间让他这样做吧，只要他不是以此故意拖延入睡就行。不过要记住，这可能意味着你要提前 5 分钟或 10 分钟开始履行睡前常规，但这是值得的，因为这种有条不紊的睡前仪式，能帮助某些孩子平静下来，让他们能镇定地和父母互道晚安。

遇到这些睡眠问题，父母怎么破

孩子的睡眠过程，肯定不会一上来就如我们所愿，他们人小鬼大，往往也有着自己的小心思和小计谋，这时就需要父母将这些难题一一攻克。

故意拖延

当孩子不断跟你说："我要再读一本故事书"、"我要喝水"、"我得去尿尿"、"妈妈，我要再告诉你一件事！嗯……我爱你"时，你可就要注意了，这八成是他们因为不想面对迫在眉睫的分离，而在故意拖延。有些父母将孩子的这种行为当成是调皮耍赖，但我却并不认同，孩子这么做，只是因为他们正在焦虑。而想要处理好孩子的故意拖延，最好的办法就是有原则地稍稍纵容他们一下："你可以再提两个要求，然后就该互道晚安了，明天早上见。"当父母这么做的时候，孩子就会感觉到自己的需求既得到了关注，但同时又要遵守父母定下的界限。

如果你对孩子的拖延战术很熟悉了，那么就可以在他上床睡觉前先声夺人，解决掉他的种种需要："你该喝水了，现在你已经尿过尿了吧？你的小兔子和小毯子在这，都放在你平时喜欢的地方。现在，我要最后亲你三下，然后就该好好睡觉了！"并且在这之后，你应该做到无视幼儿的后续要求，让孩子知道父母虽然面带微笑，但是那条规定好的界限却不容侵犯。所有这些，都可以凝练成一句话："明天早上见！"

当遭遇孩子故意拖延时，家长切记不要自乱阵脚，不要显示出不耐烦或者不知所措，如果你自己都尚且对这种状况感到紧张，那么孩子无异于也会被你的情绪所感染，并做出你不想看到的回应。我可以肯定的是：如果你在孩子入睡前表现得踌躇、心情低落，那么孩子马上就会再做出一件让你更加踌躇、更加低落的事来。结果就是等到了早上你便发现，你和孩子，全都睡眼惺忪，精神疲惫。

夜醒

不是所有孩子都能安安稳稳地一觉睡到天亮，事实上，有相当多的孩子会在半夜里因为各种原因醒来，之后有的能翻个身再次入睡，有的，则会呼天抢地，将全家人都惊醒。

对于那些夜醒时反应强烈的孩子，父母可以先观察，如果孩子是一醒来就哭，那么也许是做噩梦的缘故，他们需要的是父母帮助他们恢复平静。而这时父母一定要尽量镇定，回应起来尽量简洁，不要开灯，也最好不要说话，因为这些举动会让孩子彻底醒过来。同时，父母可以轻轻抚摸孩子的后背，或者通过其他肢体语言来安慰孩子，但记住，动作幅度一定要小，只要让孩子明白父母就在身边、一切平安无事就好。

做噩梦是很恐怖的经历，这一点即使是成年人肯定也深有体会，我们常说日有所思夜有所梦，孩子之所以会做噩梦，也常跟白天的经历有关。孩子在幼儿期中的每一天，其实都在学习，学习如何处理消极的情感，如何控制冲动，如何对待家庭新成员，如何度过上学过渡期，如何掌握一些简单的生活技能。这些事情不断刺激着他们的大脑，让他们产生各种情绪，甚至会影响晚上的睡眠。几乎所有幼儿期的孩子都会做噩梦，这其实不是什么值得大惊小怪的事，孩子从噩梦中惊醒时，往往也是他们最没有安全感的时候，他们需要父母的安慰和保证。这时父母可以告诉孩子："我在这儿呢，没事了，你刚刚是做梦了。"父母还可以提醒孩子："你做噩梦了，不过现在结束了，那不是真的。我陪着你呢，现在继续睡觉吧。"

孩子还不具备分清现实与梦境的能力，所以才需要父母保证梦里吓人的东西并不是真的。而父母只有先放松下来，才能去保证孩子的镇定。

我发现有些父母在这种情况下，总是会问孩子："你怎么了？你没事吧？"总之，就是用一些问句去探究孩子夜醒的原因。这种发问常处于父母的本能，但是效果却常常适得其反，这样的问话很有可能会让孩子彻底清醒过来。孩子需要的不是从噩梦中回到现实，而是希望可以获得镇定和安慰，希望父母可以向他们保证，梦里那些可怕的东西不会真的伤害到他们，进而，重新入睡。

有些父母可能还会奇怪，惊讶于自己的孩子怎么突然就做起噩梦了呢？如果孩子以前从未有过这种情况，父母往往会有些惊慌失色。

孩子一般会从 2 岁后开始做噩梦，噩梦虽然听起来是件很负面的事情，但是从育儿角度说，噩梦的出现，却也有着积极的意义。噩梦与孩子的发展关系重大，随着孩子语言能力的增强，他的想象力也必然有所发展，在白天，孩子会联想美好的事物，比如"我是超人！""我正在给爸爸做美味的薄煎饼呢！"但同时，也会想象一些不好的东西，比如怪兽、火灾、露出可怕牙齿的恶犬、父母离自己而去，等等。白天的担心、害怕和愤怒，一旦带入夜里，就很容易变成噩梦。

所以说，父母们不要视噩梦如洪水猛兽，这只是孩子长大的一个标志事件，只要处理得当，孩子便能安然度过噩梦出现的夜晚。

我的儿子曾经好多次在凌晨两三点的时候冲进我的房间，他胆战心惊，呼吸急促，有时他还会哭，那时我就知道他做噩梦了。他需要的，是我抱他几分钟，直到他平静下来。当我感觉到他的呼吸回归正常了，身体也放松了的时候，就会抱着他或者牵着他的手走回他的房间，我还会亲亲他，他很快又酣睡了。我另一个儿子则需要我抱着他来回摇晃，还要我向他保证噩梦不会伤害到他，最后，他自己说想回床了，这个信号表明他准备好重新入睡了。

不过，噩梦毕竟不是个让人舒服的经历，它不仅会吓坏孩子，也常常会吓到父母，尤其当父母从未听过孩子半夜尖叫的时候，头一次面对被噩梦吓哭的孩子时，父母往往会比孩子还要惊慌。父母不用过于担心，焦虑、害怕和愤怒都是孩子成长过程的一部分，它们会拉扯着孩子长大成人。

对于经常夜醒的孩子，为了帮助他能睡整宿觉，父母可以把自己的某样东西送给他，比如一件衬衫、一块手绢，甚至一个小枕头，或者一张全家福照片，就让这件东西陪伴孩子入睡。父母可以告诉孩子："这是妈妈的衬衫，晚上睡觉时你可以搂着它，就像搂着我一样。晚上你想妈妈也没关系，我的衬衫和你在一起呢，我们全家人都会在一起。"这样做虽然无法让孩子不再夜醒，但却会让孩子在晚上一直感受到父母亲密地存在于自己身边。如果孩子晚上在夜醒后，能在这些陪伴物的作用下重新入睡，那么他就会感觉很良好：因为他既赢得了独立入睡带来的骄傲感，又感知到了父母的关怀，并且得到了更好的休息。

只是，并非所有孩子都能接受这种替代物，但父母只要作出这样的表态，就等于告诉了孩子："我一直守护着你呢，哪怕是夜深人静的时候。"

不过，要是孩子频繁做噩梦该怎么办呢？如果是这种情况，父母应该仔细想想孩子的生活状况。尽管孩子做噩梦是其白天生活的反映，但通常也不应该每晚都会导致做噩梦。我们不妨仔细想想：孩子是不是正在排斥如厕训练？白天看到的电视节目有没有可怕的桥段？父母是不是老在他面前讨论要去上的新幼儿园？

请回顾孩子这段时期的生活，并尽量缓解一下孩子可能承受的压力。

恐夜症

恐夜症，光从名字上分析，应该是孩子对于夜晚产生恐惧，由此情绪大爆发。但实际上，恐夜症吓到的，常常却是父母。

恐夜症和夜醒不同，和做噩梦也不一样，只有少数孩子会出现恐夜症。一开始，父母往往会以为孩子只是在做噩梦，但不同的地方在于，出现恐夜症时的孩子并没有苏醒，他们其实还在睡觉呢，而且是酣睡，甚至其中大多数孩子连叫都叫不醒。所以，出现恐夜症的孩子可能会睁着眼睛大吵大闹，他们还会不断呼喊父母，尽管父母就在身边，但他们并不知道这一切，所以他们会冲父母大喊大叫，还会要求父母离开。通常，孩子在大吵大闹之后，会像什么事都没发生一样继续酣睡，恐夜症每次出现，都会持续 5 分钟到 30 分钟。

　　恐夜症会让父母觉得非常可怕，我儿子也出现过恐夜症，那两个夜晚直到现在还让我后怕，因为孩子的表现就好像中了邪一样，但孩子自己却总是想不起这段经历——因为他们还在睡觉！父母早上如果询问孩子这件事，他们常常就会以为自己半夜肯定做了什么有趣的事，完全不知道自己是如何将父母吓得半死！恐夜症通常发生在睡眠周期的前半段，而且常常只有当孩子过度劳累时，才会出现恐夜症，比如缺觉、打破常规、正在度假、有远方来客等。

　　虽然遭遇恐夜症会让父母感到十分不安，甚至是毛骨悚然，但恐夜症其实并不会伤害到孩子。对于恐夜症，我的建议是，父母应该缄口不谈这件事。父母的重要职责是要在孩子恐夜症出现时，全力保证他们的安全，别让孩子无意中推倒或撞倒什么东西。有些孩子在出现恐夜症时，会让父母抱着自己，还有些孩子则会推开父母，因为触碰会让他们变得更加焦虑。这时，父母的最佳选择就是静观其变，顺应孩子的需求，并且镇定地等待恐夜症慢慢消失。

换床和哄睡

很多父母都曾问过我，孩子什么时候能从小婴儿床里换到大儿童床呢？不少父母的参考标准往往是身边人的经验，甚至，只是一张写着"几岁到几岁适宜"的儿童床说明书。

我的建议是，换床的时间不宜太早。

幼儿期的孩子正是探索世界的时候，他们需要学习的东西太多，而外面庞大的世界充满了各式各样的新奇玩意，孩子既需要面对自己新的情绪和想法，又要努力学着适应外界的新事物，并且学会遵守规矩、和人交际。在这个过程中，势必会出现很多让孩子不适应的事情，而他们所熟悉的婴儿床，则可以在他们不安的时候，带来重要的安全感和舒适感。他们在经历了一天的跌宕起伏后，能在自己的小床上体会自在和放松。

但是，在这样一个过度养育的大环境下，很多父母表现得都很心急，他们巴不得孩子一到了某个年纪，就乖乖换到儿童床上，以示他们真的在不断成长。我真心希望父母们不要急于求成，尤其是在换床这件看起来很小、实际上却对孩子很重要的事情上。对于绝大多数孩子来说，3 岁之前，他们的小床对于他们来说就是一个温暖舒服的港湾，这时你让他们搬出去睡儿童床，势必会让他们措手不及。孩子不得不面对睡眠时的陌生感，有些孩子还会由此产生自己完全自由的错觉，他们会觉得"我搬出婴儿床，我就是大人了，我要自己规定起床时间，我想不睡觉就不睡觉"。

除了换床，另外一个常被父母问及、与睡眠有关的问题便是：孩子半夜哭的时候，是不是应该去哄？

也难怪父母们会对孩子哭与不哭如此重视，因为太多育儿书现在都在宣扬应该让孩子想哭的时候就哭，甚至有些说法认为孩子要哭、就由着他去哭好了，哭着哭着他也就自己睡了。

在我看来，这些说法无外乎就是在逃避父母哄睡的责任。我觉得有必要在此强调一下，睡眠问题不会因为婴儿长成幼儿就神奇地消失不见。父母要想帮助孩子入睡，就必须揣摩孩子的需要。

一般来说，我认为任何睡眠问题都是分离焦虑的问题，不管是难以入睡或嗜睡不醒，还是害怕独自睡觉，因此，父母必须给孩子充分的安慰。但这种安慰并不是毫无原则的，而是有约束、建立在规矩上的。只有等孩子获得了足够多的安慰和安全，他们才可能自行入睡，并且从自行入睡的过程中体会自豪感和成就感。

在睡眠问题上，我们既要给孩子以依赖，又要给孩子树立良好的规矩，该给安慰的时候，就要及时给予，该放手的时候，就不要顾虑重重。睡眠问题，同样是孩子成长路上早晚要自己面对的问题，我们无权剥夺他们在这方面的探索。

身为父母，我们大可不必教条地规定自己是否应该允许孩子在半夜哭泣，因为这种事情本身就无法预料。幼儿期的孩子即便半夜啼哭，也不是什么大不了的事，我们只要能在他们需要的时候，让他们知道我们就在身边守护，这就够了。

关于嘘嘘和嗯嗯的那些事

说实话，我真是不太情愿谈到这个话题，原因很简单——这世界上，除了以念叨屎尿屁为乐的小孩子，和喜欢讨论胃肠胀气的顽皮少年，还有谁会想讨论厕所里的事情呢？没有，真的没有。

我们恐怕已经不记得自己当年是怎么学会的如厕，但我们现在确实没有人会为上厕所的问题发愁，可见，孩子终究都能学会自己如厕，就像他们能学会自己吃饭、自己睡觉一样。但在此之前，我们必须要对他们进行引导，尤其是在如厕上，父母必须要消除自己的顾虑，战胜自己的窘迫，有时，甚至还需要无视众多亲朋好友的所谓善意忠告，屏蔽诸如"亲爱的，你还没到 2 岁就会自己上厕所了，而且从没发生过意外"这样的话。

相信我，孩子们知道父母有多希望他们自己能学会上厕所，他们的小脑袋里，早就有了"我要是学会了自己上厕所，爸爸妈妈一定会很高兴"这样的念头。而事实上，他们也确实早晚可以做到，只不过，他们未必会按照父母制定的时间表行事，尤其是在父母给了他们太多压力的时候。

如果父母太过心急，逼迫孩子在一定时间内必须学会自己如厕，结果往往会适得其反。因为即使孩子年幼无知，但他们同样会意识到如厕是一件非常私密、非常个人的事情，在这方面如果父母过多干涉，会激发孩子的羞辱感。

并且，对于很多孩子来说，上厕所也真心是一件有些可怕的事："我拉出粑粑了，但我会不会也拉出其他什么东西？"我知道这听起来很诡异，但孩子真的会这么想。父母不要觉得孩子的想法太过跳跃，更不要宣之于口，请记住，孩子大脑的思考方式不同于我们成人的大脑。如果我们表现得太把孩子上厕所这件事当成件大事，孩子就会情绪紧张："如果我做不到，妈妈会不会生我的气？要是我发生意外怎么办？爸爸会不会觉得我是个坏孩子？"

幼儿期的孩子，就像是游戏里不断打怪兽、不断收集宝物从而晋级的小主人公一样，他们需要完成很多任务，才能迈出独立之路上的一小步。对于大人来说，这一小步没什么大不了，但对于孩子，这却是一次又一次值得欢欣鼓舞的进步，他们开始学着用独立对抗恐惧，并且由衷为自己取得的成就而高兴："我现在能自己穿上内裤了！我像爸爸妈妈哥哥姐姐一样能干了！"

对于孩子来说，学习如何上厕所是件复杂的事，而且不同孩子之间还会存在差异，有的一学就会，有的却似乎怎么解释都难以做到。

由此，我对父母的第一条建议就是：淡定从容，稍安勿躁。父母在约束孩子之前，先要学着约束住自己，别在孩子还没作好准备之前，就强行让他们学习自己上厕所。

孩子其实不排斥如厕，他们排斥的，往往是父母焦急的态度，和由此带来的羞辱感。父母只要给予孩子充分的耐心，假以时日，一旦孩子表现出兴趣，一旦他们准备好了，就会在父母的支持和引导下学会这项技能。但是，在这个过程中，父母永远不要和孩子抢夺事情的控制权。

太多的父母把宝贵的时间和精力浪费在急于让孩子学会上厕所上，为此甚至焦头烂额。其实，孩子早晚都能实现在这方面的自理，因此，父母与其忙着施加压力，不如在洗手间放上一个小便盆，然后，加上一点点鼓励，配合很多次提醒，这样孩子反而更愉快地学会如厕。甚至，孩子还会努力去学会自己如厕，将这当成自己给父母的一个惊喜。

我们怎么做，孩子才能嘘嘘嗯嗯得爽

那么，父母应该怎么做，孩子才能顺利学会如厕呢?

记住下面这 9 个步骤，就能帮助孩子更好地适应如厕过程，并且从中获得喜悦和成就。

保持冷静: 孩子无时不刻都在对父母察言观色，他们会受父母的情绪影响，也会模仿父母的激动和焦虑。因此，父母要尽量避免让孩子感觉到这些情绪。很多父母情绪上常常陷入矛盾，他们一方面受够了那些纸尿裤，另一方面又因孩子长大而怅然若失，父母首先要清楚自己的想法和情感，以一个向上的态度面对孩子。

恰到好处的鼓励: 要鼓励孩子，但不要滥用奖励，尤其是贴纸或小礼物那样的犒赏。因为学会上厕所，本质上是孩子自己的事，而奖励则会让这件事变得好像是父母的事。孩子每天都会上很多次厕所，他们自此往后的整个一生，还会上更多次厕所，我们不可能每次都给他们一张贴纸或者一块糖果。所以，我们这里说的给孩子恰到好处的鼓励，指的是父母的微笑或者拥抱。而且，还要记住的是，即使孩子在如厕中没有做好，或者拒绝学习如厕，也不要惩罚他们，羞辱感会拖累整个进程。

选择一个相对平静的时段：不要选择孩子刚换新学校，或家里刚换新保姆的时候教孩子如厕，同样，家里有新生儿出生的时候也不要。我觉得气候转暖时教孩子如厕是最合适的，因为这时衣服穿得更少更轻薄，换新衣服、洗脏衣服也会更容易。父母需要腾出大概两周左右的时间，集中精力和孩子共同面对如厕问题，也就是说，这段时间尽量不要有访客，父母也要调整好自己的工作和生活。

购买小内裤： 在买回小内裤后，可以让孩子先试穿一下，顺便告诉他们："明天我们就完全不用纸尿裤了，你要开始穿小内裤喽。"但不要提前一天以上，因为这会让孩子过于焦虑。另外，穿内裤这件事无须征得孩子的同意，无须问诸如"明天你就不用纸尿裤了，好不好？"之类的问题。我们必须正视一点——孩子并不是信守承诺的人，他们只会承诺当下，而明天又是新的一天，因此，我们只需要将所需的物品买回来，给孩子穿上就好，无须你来我往地商量。

将上厕所纳入常规： 父母要给自己建立一张时间表，比如，孩子起床时要上厕所，早餐后要上厕所，每隔 1 小时还要上次厕所……父母要提前告知孩子："我们先吃午饭，然后我带你去上厕所。"期间父母要陪伴孩子。有些孩子上厕所的时候，喜欢看看书，或者希望父母讲个故事。如果孩子不想上厕所，父母只要这样说即可："你就坐了一下小马桶，没有嘘嘘，也没有嗯嗯。这很正常，有时就会这样，我们待会再试试。"不要表扬孩子，也不要批评，他们起身离开便盆时，简单抱他们一下，向他们保证一切依然安好。

尽量使用孩子专用的小便盆：很多孩子不愿意学习上厕所，是因为他们害怕坐在普通马桶上的感觉。普通马桶对幼小的他们来说太高了，孩子的双脚只能悬空，这让他们觉得自己好像时刻要掉进马桶里。相比之下，放在地上的小便盆会让多数孩子觉得安全、安心，而如果必须使用普通马桶，那么父母就应该在孩子脚下放一个凳子，让孩子可以放置自己的双脚，这会让孩子觉得心里踏实。

接受可能会发生的意外：如果孩子如厕过程中发生意外（他会发生意外的！），请勿大惊小怪，可以简单地解释几句："噢，你尿裤子了，有时难免会这样，我们去换衣服吧。"这些都是学习的一部分，即使孩子学会了如何上厕所，他可能也会隔几周（或隔几个月）发生一次意外。父母对此要有所预期，那样真的发生意外时，也不会应对失当。

如果孩子不愿意脱掉纸尿裤，那就先按兵不动：孩子不接受如厕训练，很可能只是因为他们还没准备好，这时候父母千万不要羞辱孩子，而是要告诉孩子："用纸尿裤也没事，我们下次再试着扔掉纸尿裤吧。"接着，父母要向孩子保证，不管他们穿的是内裤还是纸尿裤，你都爱着他们。如果父母不步步紧逼，而是退后一步，不在意孩子到底是穿纸尿裤还是自行上厕所，那么孩子反而能更加放松，也许过不了几天，就会自己嚷嚷着已经准备好了。

尿床不是什么了不起的大事：很多孩子尽管很久以前就学会了白天自行去上厕所，但他们还是常常会在夜里尿床。有些是因为酣睡而尿床，还有则是因为得不到起夜信号而尿床。父母可以在睡觉前尝试带孩子去洗手间，不过这只适用于部分孩子。而我对父母的忠告是：稍安毋躁，轻松面对，同时永不羞辱尿床的孩子。如果穿着小内裤睡觉的孩子只是偶尔尿床，那么父母可以在床上多铺几层床单，每层床单之间再铺一层隔尿垫，附近再放上干睡衣。这样的话，父母就可以快速撤掉尿湿的那层，迅速换掉尿湿的睡衣。如果孩子尿床比较频繁，那么父母应该允许孩子夜里穿着纸尿裤睡觉，并且要向孩子保证，这样做是没关系的。

食物大战，常常是因为我们想的太多

几乎每个幼儿期孩子的父母，在提起吃饭问题时，都是一脑门的郁闷。因为他们的家里，几乎都有着一个爱挑食的小孩，这并不是巧合，而是幼儿期的孩子，一大特点就是容易挑食，而且挑食的形式还多种多样！

有的孩子只吃像面包、面条这样的白色食品，有的只吃某几种口味或口感的食物，还有些孩子坚持每天上学都要外带完全一样的午饭，一周五天都是如此，另外还有些孩子是逐渐变得挑剔起来的。

对于挑食的孩子，父母常做的就是劝孩子："这样东西很有营养，吃了你就能长高长壮。""这个很好吃噢，我向你保证。"进而演变成："你怎么这么不听话，别人家的孩子就什么都吃！""不吃是吧，那你就饿着吧！"最终，只剩下依然这也不吃那也不吃的孩子，和举着饭碗黯然神伤的父母。

其实，父母遇到这种情况，应该仔细想一想，是不是自己用错了方式，我们在用自己以为好的方式对待孩子，却并非是孩子想要的。幼儿期的孩子迫切想表现自己的独立性，饮食也是如此。他们常常把饭桌当成了自己的另一个舞台，借此来争取自己的权利："妈妈想让我吃，我真的就得吃吗？我到底喜不喜欢吃呢？我非吃不可吗？"所有这些想法，都是孩子为自己赢得控制权的机会。

多数孩子都喜欢吃东西，而且经常喊饿，但他们会强烈抵触新的、不一样的食物，尤其是蔬菜！这也正是孩子控制欲的反映，孩子越来越意识到自我的存在，同时，也希望作出自己的选择。而饮食，是日常生活中为数不多的能体现孩子控制权的场景之一，就像如厕、穿衣和睡觉一样。我的一个孩子曾经只吃麦圈，每餐都吃，持续了将近1年。我们平时一开始吃饭，他就会想到："我只吃麦圈。"他并不是什么谷类食物都吃，而是只吃麦圈，他所做的这些无非是想表明，他正在自己选择饮食，他正"掌控"着饮食这件事。后来，他又开始吃更多的常规食物，随着年龄的增长，他很多东西都能吃了。但他仍然爱吃谷类食物，不过现在不仅限于麦圈，而是爱吃所有的谷类食物了！

和睡觉、如厕一样，孩子也能自己吃饭，尽管他们更喜欢用手胜过喜欢用餐具。我们生活的年代有了健康意识，这是好事，但也增加了父母的忧虑，父母会整天担心孩子吃什么、吃多少，是不是吃不饱，吃的食物是不是正确，会不会吃撑了。而在我们祖父母那辈和父母那辈，几乎没有人会注意我们吃什么，他们负责将食物端上桌，而我们负责吃掉。现在，是轮到我们做父母的时候了，孩子的饮食变成了我们父爱母爱的一种表现，但与此同时，孩子的饮食过程也被父母过多地干涉了："再吃两口"、"先吃胡萝卜，再吃面包"、"你不想再吃了？你肯定还没吃饱啊。"事实上，这么做往往会毁了孩子形成良好饮食习惯的机会。

就像几乎所有的父母一样，我也相信饮食应该健康。但是，健康饮食的底线是，只有孩子才知道自己饿不饿，才知道自己有没有吃饱。如果父母强迫孩子进食，总是告诉他们"再吃一口"，那么孩子就会不知道如何信任自己的饥饿信号。父母倾向于认为吃饭时间就只能吃饭，但如果换个角度去看，吃饭时间其实也可以是社交时间。

吃饭的时候，父母会陪着孩子，一家人聚在一起，聊聊一天发生的事。就餐的时候，虽然通常不是所有人都能分享见闻，但至少会有父亲或母亲中的一位和大家分享点什么，或聊点什么。大家一边吃饭，一边聊天，这时父母不难发现，当气氛变得轻松愉悦的时候，孩子往往能做到自己好好吃饭。

其实追根溯源，这场饭桌上的食物大战，背后的原因常常是来自于父母的多虑。经常有一些忧心忡忡的父母来找我，他们担心自己挑食的孩子得不到足够的营养。我一般会问："这是不是儿科医生的意见？"答案几乎没有例外："不是，只是我这么觉得。"所以，除非儿科医生开始担心孩子的营养，否则我不认为父母有担心的必要。可是，父母出于舐犊情深，认为好的育儿过程就一定包括让孩子吃到一定量的食物，为此，父母会拿着勺子去追三四岁的顽皮小孩，会再挖上满满几勺的食物，并许下从未想要遵守的承诺："如果你再吃两口西兰花，就能让你吃冰激凌了。"

还有一种情况是，有些父母过去的经历，塑造了他们现在在饮食问题上的亲子互动。有些人小时候很胖，有些人小时候很挑食，有些人自己小时候吃饭就像是打仗，有些人总是在意别人关注自己吃什么、不吃什么……所有这些，都会影响父母对孩子饮食的态度，也会影响父母对孩子饮食习惯的反应。

现在，父母务必要了解，孩子在饮食问题上有追求独立的愿望，父母应该退后一步，站在孩子的角度，思考孩子对饮食的感受。请记住，孩子正在力争自己对一切的控制权，正在努力向父母展现"自己"能做的所有事，其中就包括吃饭。孩子希望可以自己做主，决定要吃多少饭和吃什么饭。也正因此，在每次父母贿赂或哄骗孩子吃东西时，在每次强迫孩子按照父母制定的饮食顺序吃饭时，孩子都会很排斥，并且很惶恐，他们仿佛听到父母在说："你那么小，怎么可能知道好与坏，只有我知道，我这么做对你是最好的。"于是，冲突油然而生。

父母不要纠结于这些冲突，不要只顾着在食物大战中充当获胜的一方，相反，我们应该把幼儿期孩子的饮食看成良好饮食习惯的基础，它让此时的孩子开始体会自己是不是饿了，让孩子长大后可以作出健康而独立的饮食选择。

如果我们不希望孩子在饮食过程中内心充满消极情绪，不希望将饭桌变成战场，那么就不要过分强迫孩子，哪怕这种强迫只有一次，也足以影响孩子在饮食上的选择能力。作为一位母亲，一位过来人，我可以负责任地告诉大家：如果你管得太严，孩子会在你一无所知的情况下，躲在朋友家里大吃特吃，享受着他们的零食大餐。

营养学家就曾经说过，过分控制孩子的饮食，会适得其反，这样成长起来的孩子，将来会喜欢偷吃或报复性饮食，他们不知道如何解读饥饿信号，也不具备作出良好饮食选择的能力。

我们怎么做，孩子才能吃得香

在饮食问题上，父母究竟应该怎么做，才能既不干涉孩子，又让孩子养成良好的就餐习惯呢？

父母首先要明白，就餐是一项需要耐心的常规培养，在这个过程中，孩子是在不断学习着关于饮食的一切，并形成习惯。也就是说，父母要改变对于孩子就餐的预期，要挥别那种浪漫闲适的婴儿餐时光。同时，为了摆脱勺子叉子乱飞的食物大战，父母虽然必须要给孩子提供饮食，但选择不能过多。另外一点，就是要让餐桌变成另一个社交场合，这些都将有助于孩子养成良好的就餐习惯。以上这些，也许很多父母今天还做不到，但要相信自己，总有一天会做到的。

以下，是我总结出来的一些孩子就餐注意事项，可以帮助父母们给孩子树立良好的饮食常规。

总是坐在餐桌旁就餐：孩子学习饮食常规时，虽然不能强迫他们，但仍需要一定的框架，而餐桌恰好就定义了就餐的空间。餐桌的存在，就等于告诉孩子，一到吃饭的时间，大家就要坐下来，坐在餐桌旁吃东西，不允许四处闲逛。

就餐座次基本不变：孩子喜欢凡事都有一致性，他们不但自己喜欢坐在固定的位置，而且期望别人也坐在固定的位置，这甚至变成了孩子饮食常规的一部分。正如我们知道的，事物的固定秩序会给孩子带来舒适感，就餐座次的有规可循，会让孩子更容易遵守就餐常规。

陪孩子就餐，并且一起吃点东西：孩子一般在下午 5 点或 5 点半就开始吃饭，但对于很多成年人来说，晚餐时间却通常不是这个时间。于是很多父母很为难，不知道是不是要随着孩子改变自己的就餐习惯。其实原本无须如此麻烦，既然我们已经知道，就餐对于孩子来说也是一种社交行为，那么父母即使不和孩子一起吃正餐，只要陪他们随便吃点什么就好。这个环节很重要，如果没有父母不断地以身作则，那么随着时间的流逝，孩子就无法学会怎么在餐桌上有适宜的举止。

什么都可以谈，但千万别谈饮食：不要将目光全都集中到孩子的小碗里，不要不停地说："你怎么不喜欢吃这个？你怎么吃得这么少？"事实上，如果不对孩子说三道四，他们反而能多吃一些。身为父母，我们关心孩子饮食是应该的，但是应该关心的是其一段时期内都在吃什么，而不应该关心他每一餐具体吃什么。吃饭的时候，父母不妨聊聊白天发生的事，聊聊周末的安排，聊聊与孩子有关的趣事："还记得我们今天在公园里看到的那条狗吗？它叫得真大声。"这种亲子交谈能营造愉悦的就餐气氛，还能帮助孩子学会如何与人一起就餐。

孩子说吃好了，那就是吃好了：对于大多数孩子来说，尤其是两三岁的孩子，一旦吃饱了，马上就想离开餐桌。而这时，父母不要指望他们能继续坐在那里。孩子饿了就想吃饭，吃饱了就想去玩耍，这是他们的天性。但父母却有必要说上一句："你知道自己有没有吃饱，如果吃好了，你就可以去玩了。"这能帮助孩子了解什么是饿、什么是饱，这也表明父母相信孩子能够很好地掌握分寸，表示父母信任孩子。同时，父母在说出这句话的同时，也让孩子明确了规矩：一旦落座就是要开始就餐了，而一旦起身就是吃完饭了。另外还要注意，通常孩子开始扔食物的时候，就表明他们已经吃完饭了，父母可以对孩子这样说："我看你已经吃完饭了，现在你可以下桌了。"同时拿走孩子的餐具，这会让孩子更加形象地理解父母所说的话。但如果这时候孩子才刚开始用餐，我建议父母可以试着这样说："如果你吃好饭了，我们就要收起餐具了。"这么做，是让孩子还有一次机会好好吃饭。但如果孩子继续表示不吃了，那么就餐就到此为止。

父母负责采购食材，父母负责提供食物：孩子的胃口一般比我们预想的要小，而且无法预测他们在具体某餐的进餐情况。因此，父母最好这样做：给孩子盛几种吃的食物，让孩子随意去吃。有些孩子很挑剔，什么都不爱吃，连碰都不碰，即便这样，也请尊重这样的孩子。但是，父母也要在餐桌上准备好其他可以让孩子挑选的食物，比如奶酪、胡萝卜条、橄榄果等。孩子可以各取所需，并且同时学习按需取用，这能帮助孩子搞清楚自己的食量，有规律地摄入食物。此外，孩子喜欢控制感，如果孩子能从公用餐盘中取餐，他们就会获得选择权和控制感。在幼儿发展中心里，我们会特意在桌子上放几盘米糕，每个孩子都可以按需取用，孩子们爱死这个环节了！

带上幼儿去采购，但别提供"点餐服务"：父母可以带孩子去逛食品店或农贸市场，让孩子帮助挑选食材，比如问孩子："你想买玉米片还是买麦片？"这会让孩子有参与感，并且对于自己能帮大人作决定感到十分自豪。由此，孩子还会知道食物购买于商店和农贸市场。但要注意一点，即使面对琳琅满目的食物，父母也不要给孩子提供点餐服务，说到底，父母才应该是决定饮食的那个人，这个原则绝对不能改变。如果孩子排斥某种食物，但父母又提供了一些确定孩子会吃的东西，那么就让孩子自己决定该吃什么就好了。换句话说，一旦上了餐桌，父母就别再管孩子吃什么或者吃多少了。

别在餐后提供甜品：饭后甜品如果显得太珍贵，就会绑架孩子的注意力。父母应该教会孩子对所有食物一视同仁，孩子可以吃一些糖果或零食，但这些东西应该作为孩子日常饮食的一部分。我们中心曾经有个孩子，每天早上都哭着喊着要吃小熊软糖，妈妈的回答是"不行"，爸爸的回答也是"不行"，这对父母再三坚称："早饭时不能吃糖果。"但那个孩子却每天早上都大发脾气，又哭又闹，父母提供了很多选择，但孩子就是想要小熊软糖。结果呢？这个孩子因此坚决不吃早饭，宁肯饿着肚子来上幼儿园。我们建议这对父母在吃早餐时给孩子上一小碗小熊软糖，他们虽然觉得这个想法太疯狂了，但还是试了试。结果，孩子每天早上都好好吃早饭了，而且又过了一天，他就不再吃小熊软糖了。有时候，孩子只是想确认自己拥有软糖，这些无非是孩子的控制欲在作祟，而父母要做的，就是不让这种控制欲成为正常进餐的障碍。

饮食问题不属于礼貌问题：多数父母都喜欢有礼貌的孩子，但不要指望幼儿期的孩子能举止得当，别指望他们在吃饭的时候能说"请"、"谢谢"等敬语，也别指望他们能规矩地就座用餐，或正确地使用餐具。孩子以成年人为学习榜样，如果父母尊重孩子，如果父母对孩子使用"请"、"谢谢"等礼貌用语，如果父母能优雅地落座用餐，那么孩子年岁渐长时，便也会变得礼貌优雅。

　　过了就餐时间，孩子嚷饿怎么办？父母如何对付那些正餐时间不好好吃饭、深夜却嚷嚷着"我饿了！"的孩子呢？这些孩子或许是因为晚饭没吃多少，或许只是想试验一下自身的权力。父母对此最佳的应对策略，就是未雨绸缪，父母可以满足孩子的部分要求，预先准备有限数量的食物，比如灶台上给孩子留一盘吃的东西，告诉他们："我们准备了切好的苹果，你自己去吃吧。"仅此而已，就够了。我的孩子有天晚上抱怨："又是切好的苹果！我们都吃烦了！"我告诉他们，我很爱他们，但同时请他们记住，下回晚饭时请多吃一点。

穿衣困难症？其实是孩子在担心分离

很多父母都不理解一件事："为什么穿衣服这件事，对孩子来说那么费劲，他们总是又哭又闹，就是不肯好好把衣服穿上。"

父母们不知道的是，在他们眼中，穿衣服不过就是穿衣服，可是对于孩子来说，穿衣服则是一个重要的仪式，意味着新的一天开始了，自己也要和父母分别了。每当他们穿上一件衣服，就感觉距离告别的时刻又近了一步。

此外，穿衣服又给了孩子一次进行选择的机会，满足了孩子对于控制欲的需要。太多的孩子会在穿衣服时候故意拖延，或者会因临时看到什么或想到什么而分心，他们往往并不会专注于穿衣本身，尽管穿衣服这项任务他们本可以分分钟搞定。这时候，父母是时候要去体察孩子的所思所想了，孩子或许正有着这样的念头："我刚睡醒（尽管他 2 小时前就醒了），度过一个那么那么长的晚上之后，我现在终于又和父母在一起了。可是，怎么一会儿就又要道别？又要面对新的一天？我才不呢！"

幼儿期的孩子们，远未进入兴致勃勃"准备迎接新的一天"的模式，而父母则不同，我们往往每天开始时，都会有一个目标。于是，冲突就此发生。父母有着各种时间压力，比如要赶着上班，要赶着送孩子上幼儿园或上课，而孩子们的行事模式则是"活在当下"，于是，正面冲突不可避免。

即使孩子克服了分离焦虑，但是穿衣服对他们而言，依然不是一件容易的事。父母对孩子的穿着有预先的打算，但孩子也对自己的穿着有着想法，有些孩子穿什么都行，有些孩子的想法则很具体，比如只穿某种颜色或某种材质的衣服，比如夏天也坚持穿长袖衣服。但多数情况下，孩子在穿衣方面仍会需要父母的帮助，这意味着父母要有耐心，要能辅导孩子，还要提供几种但数量有限的衣服选择。假以时日，孩子就能慢慢学会自己穿衣服了。

就像所有其他日常任务一样，穿衣服也是孩子们验证自己控制权的舞台之一，这时他们常会告诉父母："我想穿什么，我自己挑！"而父母不要干涉孩子的自主选择，但却可以通过下面几种途径，协助孩子建立良好的穿衣习惯，并懂得如何选择衣服。

提前做好准备：头天晚上，父母可以准备好两套衣服，等孩子早起时，就可以让他们挑选该穿哪一套衣服。当然，这项准备工作也可以在当天早上再准备，无论在何时，父母都在提供选择，尽管只是有限的选择。

再次强调，只能提供有限的选择：除非你今天一个上午就不打算带孩子出门了，不然不要把整个衣柜的衣服都交给孩子去选择，而是要提供有限的选项："你想穿这件红衬衫，还是那件蓝衬衫？""明天你想穿裙子，还是长裤？"诸如此类。抽屉里或衣柜里尽量少放衣服，这样孩子就不会挑花眼，过多的选择会让大家都抓狂，而且会让孩子无法锁定某一套衣服。

帮助孩子，但让孩子去做那些力所能及的事： 让孩子短时间内学会所有穿衣服所需掌握的技巧是不可能的，因此父母必须给予协助，但也必须让孩子自己主动参与其中。比如父母可以拿好袜子，让孩子自己伸脚套上袜子；撑开衬衫，让孩子自己抬手穿上。不用多久，父母就会惊奇地发现这些三四岁的孩子已经能自己穿衣服了。

来点幽默感，比如玩些穿衣游戏： 孩子在穿衣服时，总会使出各种拖延战术，请记住，这只是因为孩子不想面对即将到来的分离——即便和父母分别后，有开心的事情在等着他们。这时，父母切勿大喊大叫、催促孩子，这样会让他们心中的消极情绪更加严重，父母可以把穿衣服变成一场游戏，让穿衣的过程变得轻松愉快。比如我就曾经不止一次把袜子和其他衣饰古里古怪地套在手上，或戴在头上，而我的小孩则会忍不住抢过这些东西，马上穿戴在自己的身上，他还会说："妈妈，它们不是这么穿的！我来教你吧！"

如何来一次愉快的出行

　　说起出门，很多父母就更头疼了，因为无论多紧急或重要的事，似乎都不足以吸引孩子踏出家门，他们依然拖拖拉拉。哪怕父母警告孩子还剩5分钟就必须出发的时候，他们也好像根本没听见一样。即便你告诉他，要去游乐园玩，他有时也会不为所动，想尽各种方法不出门。

　　父母最常抱怨的就是起个大早，却因为孩子的拖延而赶了个晚集。走出家门，对于孩子而言确实不容易，但如果站在孩子的角度，我们就会发现，其实他们之所以会不愿出门，同样是因为他们内心的分离焦虑在作祟。

　　对于孩子来说，出门，就意味着自己要离开他们最熟悉、最舒适的地方，而孩子偏偏又是习惯活在当下的，所以他们根本不关注自己出门后会去哪里。在他们眼中，不管出门是意味着告别父母，还是只意味着告别这栋熟悉的房子，都是一次挑战，一个巨大的过渡。

　　而这时候，就需要父母利用早起仪式和出门常规来帮助孩子了，实际上，要想让孩子来一次愉快的出行，除此以外，也真的没有任何方法。

提前做好准备工作： 将孩子的外套、鞋、沙滩玩具或其他出门要带的物品一直放在同一个地方，让这些东西也成为出门常规的一部分。一旦孩子知道自己的东西在哪儿，再加上父母的提醒，他们就会更快熟悉常规，更能自行遵守规矩。当孩子还小的时候，我会在头天晚上把所有东西整齐地放在门边，如背包、鞋袜、外套等，等到第二天早饭之后，我不断进行提醒：现在该换鞋了；现在该套外套了；现在该背背包了。而孩子通常都做得很好。

父母用提醒引导孩子： 孩子出门前的每一步都需要提醒，父母要提醒他们先穿袜子、后穿鞋子，要提醒他们穿外套，诸如此类。没过多久（不过有时也可能要过很久，甚至很多年），孩子就会很少需要提醒了，因为他们明白了生活的秩序。再后来，孩子就完全不需要提醒了，他们开始了独立生活。这个进度有快有慢，父母不要心急，务必尽好自己的提醒职责。

重视过渡物： 不管是出门，还是上学，甚至是逛公园，很多孩子都会随身带着某件玩具或其他物品（每天所带的东西可能相同，也可能不同）。这种放在身边的过渡物有助于孩子适应变化。这有点像成人佩戴的幸运符，事实证明，孩子也需要有个类似的东西寄托情感，比如家里的小毯子、毛绒玩偶、小汽车或小卡车、玩偶等。还有些孩子出门会带着牙刷、一块乐高积木、一片拼图或磨牙棒等。不管孩子带什么出门，也不管每次带的东西是相同还是不同，这都没关系。因为只要这些对他们而言充当着过渡物的作用，就能帮助孩子离开最熟悉的地方，走向外面的世界。

无论是穿衣吃饭、如厕睡觉，还是让孩子走出家门，所谓成长，就是由这样一个个细枝末节的小事组成的，一个个与生活息息相关的规矩，构成了孩子的成长轨迹。

我们为孩子生活的每一个方面构建规矩，并教会孩子这些规矩，但随即也要时刻做好打破常规的准备，因为只有打破常规，他们才能真正实现成长，拥有那些日后重要的调节能力。

育儿是个浩大的工程，但也是一连串琐碎的吃喝拉撒所构成的，父母需要做的，是以孩子需要的方式，给予他们全方位的照顾，让他们在生活中学习，在生活中成长。

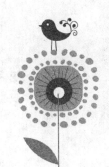

PART 6

小小的身体，大大的情绪

How toddlers thrive

每个孩子，都可能变身情绪小怪兽

有天下午，我们中心的楼道里传来了孩子歇斯底里的哭声，一位刚刚到园的孩子就像疯了一样，又是尖叫，又是跺脚，他的妈妈当然很恼火："够了！你先别哭了！以后有你哭的时候！"但孩子听到后，却哭得越来越大声。

经过我的询问，这位妈妈道出了事情的原委。每天上幼儿园时，这个孩子都想自己按电梯按钮，如果只有这对母子等候电梯，那么自然没有问题，孩子可以如愿。但今天，还有其他人在等候电梯，而且有位女士已经按了电梯的上行按钮。孩子因此开始焦虑起来，妈妈安慰他，还可以进梯后再按里面的楼层按钮，孩子才恢复了安静。但一进电梯，这位妈妈却把刚刚说过的话忘了，顺手就按下了楼层按钮。"哗啦"一下，就像发生了世界上最最糟糕的事！孩子开始歇斯底里地喊着："不！我来按！我来按！"孩子开始了没完没了地哭闹，妈妈不得不强行将他拖出电梯。

说到这里，这位妈妈停了下来，看了看那个还在歇斯底里抽泣的小宝贝，尽管神情有些不安，但她仍然坚持说："他得明白，凡事不能由着自己的性子来！"

一个小小的摁钮，为什么会弄得一团糟呢？说到底，还是视角不同的关系。在妈妈看来，那不过就是个按钮，往后按电梯按钮的机会还有很多，况且她认为儿子必须知道他不能总是"想要什么，就有什么"。在很多大人看来，这确实很有道理，而且从育儿学的角度说，让孩子逐渐学会如何控制沮丧的情绪，也确实是教育的目标之一。但是，这些道理和目标，显然不适用于正在号啕大哭的这个孩子，因为那个摁钮，恰好是他上幼儿园常规中的重要一项。

站在孩子的立场上，两岁半的他不但有一套上幼儿园的仪式，而且清楚这套仪式的每个具体步骤。而现在，居然有人按了电梯外面的上行按钮！这已经破坏了他的上幼儿园仪式，已经毁掉了他的心情，当妈妈承诺他进入电梯后还有摁钮可摁的时候，他才勉强从打击中恢复过来。但紧接着，又出现了最最最坏的情况——妈妈居然按了那个应该由他自己来按的楼层按钮。他因此怒火中烧，觉得被冒犯了："你怎么敢按那个按钮呢？那是我上幼儿园前要按的按钮！我上幼儿园的仪式本来很一清二楚的，但现在全都被你毁了！"虽然听起来有些古怪，但两岁半孩子的感觉就是这样。

怎么办呢？幼儿中心的教师这时走了过去，问抽泣的孩子："你是不是很想按电梯按钮啊？"孩子哭声稍止，然后叫道：**"我想去按电梯按钮！"**于是，我们坚持让那位妈妈退回到门廊里，并且坚持让孩子去按下电梯按钮。她觉得我们小题大做了："这不是在放纵他吗？不能总让他由着性子来。"

我们却依然坚持己见："不，这并不是放纵他。"接着，我们解释了孩子如此生气的原因，还解释了妈妈要参与进来和孩子一起进行补救措施的必要——孩子需要时间才能学会灵活机动地面对变故，但是，现在还没到那个时候，因此他想要什么，就给他什么，尤其当他正要离开妈妈的时候。

随后，那位妈妈回到门廊那里，让孩子按下了电梯外面的按钮。效果马上出现了，孩子停止了哭闹，并且骄傲满足地回到了幼儿中心：当大家尊重了他的需求时，他也准备投身于幼儿园一天的新生活了。

正如上面这个孩子一样，几乎每个幼儿期的孩子，都有着强烈的情绪。正如孩子的行为会从一个极端跳到另一个极端，他们的情绪也同样容易走极端，并且情绪很大程度上决定了他们的行为。孩子正在艰辛地学习如何表达乃至理解自身的情绪，正在奋力搞清楚自己和这个世界的关系，只不过他们经常找不到任何头绪。从大脑发育的层面看，幼儿期的孩子大脑处于超负荷运转状态，他们正在努力调整、处理所有传入的信息，而这个过程中，孩子就会表现得非常情绪化。

怪不得我们在形容一个人喜怒无常时，总会说是小孩子脾气呢，因为小孩子真的就都是那个样！

一天，3 岁的黛咪要吃烤面包片，妈妈马上去准备了，黛咪则坐在桌旁，和妈妈聊着闲天。她一边热切地等着大快朵颐，一边告诉妈妈，她待会想穿那双新鞋子出去玩。妈妈问她："你要黄油吗？""不要。""要果酱吗？""要，我要草莓酱。"妈妈知道幼儿期的孩子对饮食非常挑剔，所以什么都问到了，随后妈妈取出烤好的面包片，抹上草莓果酱，小心地居中一切两半，最后盛在黛咪最喜欢的餐盘里端上桌。然而，黛咪并没有因为得偿所愿而笑逐颜开，她反而大发雷霆："不……不！**我不要这个。**它被切坏了，我想要一大块面包，完整的一大块。"焦虑的她大哭起来，餐盘差点被推到地上。

这是怎么回事？刚开始，可爱的孩子在聊着闲天、提着要求（要吃烤面包片，不要黄油，只要果酱，而且只能是草莓果酱），而温柔的妈妈在有求必应地忙活着。接着，一眨眼的工夫，可爱的孩子就变成了情绪失控的暴躁小孩，她的反应就像遭遇了世界末日——她确实也是这么认为的。

在这个例子中，黛咪显然已经有了自己的预想，那就是一大块方方正正的、抹好草莓果酱的烤面包片，完整的一大块。尽管我们成年人不会在意这些细节，但这对于幼儿期的孩子真的很重要。孩子总会希望东西是完整的，完整的意思就是一整块，切成两半就意味着坏了，而孩子害怕破坏。黛咪清楚自己想要什么，而她觉得其他人肯定也都清楚自己的想法，因而当她看到烤面包片被切成两半，就觉得大失所望："**居然一切两半？**你在开玩笑吧？！现在它全坏了！我要完整的面包片！"

孩子有了自己的想法，并且是具体而明确的想法（至少他们自己会这样认为）。但是，也正因此，孩子会更容易被突如其来的情况弄得情绪崩溃，并且这种崩溃往往只是一瞬间的事。

而这，也是挑战父母、挑战亲子关系的时刻。每当遇到孩子情绪崩盘时，父母需要记住的是，孩子并不是故意为难父母，而是他们自己还不具备理解这些情绪的能力，孩子虽然在大哭大叫，但其实，他们的内心也很矛盾：我应该抛开这样的情绪，还是应该顺其自然？我这样发脾气会不会有事，会不会变成坏孩子？我应该躲起来，还是应该起身跑掉？我感觉不太好，但又不知道怎么办，那就应该呵呵笑吗？还是应该埋头不说话？

尊重孩子的坏脾气

幼儿期的孩子会有各种各样的情绪反应，有时候他们是阳光小天使，有时候则是让人皱眉的小恶魔。

无论我们是不是喜欢他们情绪爆发时的样子，都要记住一点，孩子的头脑发育程度决定了他们的行动，他们不是故意发脾气刁难人，而是他们还做不到控制自己的情绪。

孩子一旦沉浸在强烈的情绪中，往往就会表现得不管不顾，觉得自己的需要是宇宙第一重要的事。当 3 岁的约翰尼发现自己找不到最后那块拼图时，眼泪马上夺眶而出，不管父母怎么告诉他这是没关系的，他还是无法平静下来。约翰尼为什么会焦虑呢？因为他今天已经在这幅拼图上花费了 10 分钟（对于孩子来说，这确实是很长的一段时间），因为他每天都很享受在这幅拼图正中央放入最后那块星星形状的拼图片，他盼望着重复那种满足感和成就感。这些构成了约翰尼的生活常规，但现在，最重要的那块拼图竟然消失了！约翰尼惊骇不已、极度沮丧、大为失望！

约翰尼的失望和失落，是他真实的情绪，这就像我们成人失去了某种至珍至爱的东西一样。当父母在面对一块拼图时，却通常很难意识到孩子对于拼图的感觉和自己是多么的不一样。成年人不会认为丢掉某片拼图是件大事，也不认为面包一切两半有多严重，或者动画片里某个卡通人物今天没出现，是值得大惊小怪的事情，反正过几天他还是会出现的。但对于孩子来说，所有这些——都！太！可！怕！了！打击简直就是毁灭性的！

在此我们有必要再次重申，父母只有转变了育儿视角，只有坚持用孩子的眼睛观察乃至感受世界，才不会轻易给事情下判断，才不会无视孩子的感受，才能以孩子想要的方式妥善处理问题。而这种角度的转变，对于亲子关系来说，则意味着冲突不断减少，相处更加融洽。

再举个例子，一天4岁的麦迪逊坐在餐桌旁边的椅子上，她竭尽全力地后仰，以让椅子的前腿离开地面，这让她有很新奇的感觉："快看看我有多厉害！"正在炉台旁的爸爸瞥见了这一幕，由于担心女儿会向后摔倒，他下意识地冲她大吼："麦迪逊！快别这么干！"椅子马上回归了原位，但麦迪逊也低头缩肩，呼吸急促，马上就要哭出来了。爸爸柔声地告诉女儿："麦迪逊，你是不是焦虑了？宝贝，我刚才是为了避免你受伤。"全身绷紧的女儿依然低着头，没有理父亲，这位爸爸靠近女儿的时候，她甚至生气地冲他挥着胳膊。

通常遇到这种情况，父母的第一反应都会是保护孩子，防止意外，而孩子的感受却全然不同。比如在这个例子中，一开始，麦迪逊感觉自己长大了，变强了；接下来，由于父亲的厉声制止，她就突然感到生气、伤心、羞辱等各种情绪。即便有最良好的意愿，即便保障了孩子的安全，这位爸爸的回应还是造成了消极后果。

　　尽管我们总是出于好意去管教孩子，但是，也只有理解了自身回应对孩子的影响，只有理解了孩子出现某种情绪的确切原因，才能更好地帮助孩子了解及控制情绪，从而使孩子不断成长。幼儿期乃至多数年龄段的消极情绪都会令孩子感到困惑，他们需要父母的帮助才能让其得以控制。与之相反的做法，就是听任孩子受困于这些消极情绪。

　　对于孩子的坏脾气，我们要予以尊重，明白他们乖张背后的情绪渊源，但这并不意味着，我们要对坏情绪举手投降，或者无视逃避。生气、害怕、失望等消极体验，是人类情感的组成部分，同样，也是幼儿期生活的组成部分。而父母的职责，就是随着时间的流逝，帮助孩子逐渐理解和疏导这些消极情绪，可以说，这是孩子身处幼儿期时，父母所应该完成的首要任务。

　　那么，父母该如何完成这一首要任务呢？就拿上面的例子来说，约翰尼完成拼图的愿望，因为失去那块星星形状的拼图片而破碎了，这时，父母应该从孩子的角度来看待那块没了的拼图，可以这么告诉约翰尼："哦，那真是太令人沮丧了，那块图片到底在哪儿呢？！你真的很需要它！"当孩子听到父母这么说时，就会明白自己是被人所理解的，他们就会从焦虑走向平复。

　　这时，父母有必要明确指出孩子的情绪，这有助于孩子逐渐了解自己的所知所感。接着，父母可以试着找找那块拼图片，或者，父母也可以告诉孩子即便现在找不到，但是也许以后就能找到那块图片。总之，这一连串回应的关键就在于，父母要承认孩子的挫败感，要承认孩子对拼图片的需要。

而在麦迪逊那个例子中，关键在于冷战之后的补救和修复。父亲必须保证女儿的安全，他必然会因突然受惊而反应过度，但女儿并不知道这些，女儿只知道，自己正开心的时候，爸爸却突然冲自己大吼大叫。女儿知道爸爸生气了，但无法理解这是为什么，这让她焦虑且困惑，最终得出结论："自己肯定是个坏孩子，肯定做了什么坏事，所以爸爸才会那么生气。"

父母如果遇到类似的情况，不管觉得自己是多么有权发火，也都要积极地去亡羊补牢，补救式的谈话，一定要适合孩子的年龄特点，即真诚、直接、清晰，切记，孩子最不需要的就是长篇大论！不管父母自觉多么有理由生气，其怒气仍然会吓到孩子，因而父母可以告诉孩子："我本意并不想吓到你，这是我的错，我太担心你会受伤了，所以我才吼了你。我很抱歉冲你大吼大叫，不过我仍然爱你。"父母的道歉能让孩子知道，那个他深爱的、依赖的人确实生气了，但那个人仍然会守护自己。

这样的亲子互动，能有效消除孩子的自责，也化解了孩子因此可能产生的羞辱感。同时，也能让孩子逐渐明白：即便是父母这样和自己无比亲密的人，也会出现消极情绪；但即便出现了消极情绪，自己和父母也能和好如初。在孩子年岁渐长的时候，父母这样的行为，就会发挥榜样的力量，有助于孩子接受自身的错误，学会谅解他人。但是，在这个过程中，父母一定要确保自己已经做好补救的准备了，如果做出的是言不由衷的道歉，孩子会更加困惑和焦虑。

尊重孩子的坏脾气，尊重孩子的真实感受，从孩子的角度去看待他们所遭遇的状况，理解他们所产生的情绪，并给予孩子他们所期望的回应。所有这些，都能让孩子感到自己是被人理解的。即使父母没能改变已经发生的状况，比如找到那块消失的拼图，但是孩子却不会再因此焦虑不堪了。

下面这个例子，便说明了父母承认孩子的愿望有多么重要。有位妈妈开车去探访远亲，坐在后排的 2 岁女儿想要苹果汁，但车里只有水。于是，妈妈开始紧张起来，她担心女儿会大哭特哭地熬过最后一小时车程。这位妈妈回答道："哦，你想要苹果汁呀？但我们现在没有呀。"不出所料，女儿大声地哭喊着："我要苹果汁！！"妈妈想了想，接着说："宝贝，我知道你想要苹果汁，你喜欢苹果汁。我们到奶奶家就有苹果汁了，现在我们先喝水。"孩子听到她这样的话后，虽然依然有点不高兴，但很快就不哭了，还伸手去够吸管杯准备喝水。小女孩之所以停止了哭泣，是因为她觉得自己的愿望得到了妈妈的承认，即便妈妈当时并不能满足这一愿望。请记住，所有人都希望被人理解、被人承认，而自我意识刚刚萌发的幼儿期孩子们更是如此。

成人常常并不能真正抓住孩子所传达、所思考、所希望的东西，而一旦我们摒弃了成年人的角度，学会从孩子的视角去看这件事，并承认了孩子所希望、所需要的东西后，孩子就会像是找到了知己一样："噢，没错，就是这么回事！你们确实明白了我的想法！"这种被人承认、被人理解的感觉，会让孩子心满意足。

父母还要记住另一个重要事实：孩子的情绪既有外向爆发的反应，也有内向的看似平静的反应。因为前者容易识别，所以我们通常讨论的都是向外爆发的情绪，却忽略了孩子那些较为内向平静、但仍然不失强烈的情绪反应。

我们在幼儿发展中心经常看到这样的孩子：他总是靠后站着，总是先静静观察其他孩子后，才去尝试新事物，比如爬一些大型的攀爬架。其中一个小男孩在远远观察了多个星期之后，才慢慢靠近了攀爬架的爬梯。旁边的老师知道，他就要开始爬了。正在这时，有个很活跃的小女孩跑过来，她急急忙忙地推开了这个小男孩，自己迅速敏捷地拾阶而上，自信满满地从滑梯那侧一滑而下。小男孩于是静静地站在攀爬架旁边，一动也不动。老师注意到了这一点，过去主动与他交谈："我知道你想爬上去，下回你可以说，'别推我！'这里的游戏空间很大，大家都能玩，你当然也能玩。"教师伸出手，示意小男孩也能往上爬。他很快振作起来，小心而从容地爬了上去。

情绪到底是什么？

情绪到底是什么？在孩子的成长过程中，情绪又充当着什么样的角色呢？

可以说，我们的一举一动，全都受到情绪的影响，不仅孩子如此，成年人也是一样。情绪决定了人们的思考方式、沟通方式和抉择方式，也决定了人们回应世界的方式。情绪很大程度说明了人为什么会做正在做的事，并且预测了他将能做什么。

对于刚过了蹒跚学步期的孩子来说，这些全新的、远未成熟的情绪既令人兴奋，又常常令人困惑！不稳定的情绪造就了孩子们不稳定的行为，他们时而高兴，时而惊慌，时而驱赶我们，时而又紧抓着我们的衣角不放。

孩子是需要这种情绪上的矛盾的，因为这证明他们的大脑正在发育，但他们尚且没学会怎么控制自己原始的情绪，因此，孩子的情绪往往是既强烈，又多变，还不可预测，就像是猛烈而毫无方向的飓风，有着掀翻一切的破坏力，但是往哪边吹，却根本没有个准谱。这样又强悍又乱来的力量，才是最可怕的。

也正因此，幼儿期的孩子常常让人觉得不可理喻，更让他们的父母觉得万般沮丧。但我可以保证的是，这些可爱的小天使本心一点都不坏，他们只是在努力搞清楚生活的样貌而已。

孩子为了满足自身的需要，往往会试着生涩地表达自己——有时会用口头语言或身体语言，有时会用行为或动作。只不过，他们有时能成功地表达自己的需要，有时却功亏一篑。不过，在讨论父母如何才能更好地帮助孩子理解及控制其情绪生活之前，我们最好先退后一步，先来了解一下情绪到底是什么。

很多年来，情绪一直是哲学、医学、心理学、生物学和动物行为学等众多领域的讨论主题。比如亚里士多德和柏拉图都有情绪理论，达尔文也有情绪学说。情绪是个热点话题，也是人类的关键属性之一。父母应该对情绪及情绪作用方式有一些基本了解，这能帮助父母更好地理解孩子。

在心理学上，情绪会引发人的觉醒和情感，而在医学上，它还和人的中枢神经系统有关。而学术界普遍公认，情绪是人类回应各种刺激的产物，而这里所说的刺激，则是我们所处的外部环境中发生的某件事。刺激可以源于各种感觉，比如视觉、听觉、触觉、味觉、嗅觉等，一旦孩子受到了某种刺激，他就会相应地产生情绪反应。

孩子虽然年纪尚小，但是同样会对刺激进行分类，自己分辨哪些是积极的刺激，哪些属于消极的。"爸爸回家了，万岁！"这显然是积极的，"有小朋友碰了我最爱的毛绒小熊？绝对不行！"这便是消极的刺激。

我们总以为孩子的性格一定是外露的，但其实，有时候孩子看起来风平浪静，内心仍然是有情绪反应的。他没表现出来，是因为他正在心里暗自琢磨：

这件事对自己而言，到底是好是坏？自己到底喜不喜欢这种感觉呢？

对于同一种状况，不同的孩子表现也是不同的，比如那个因为最后一块拼图丢失而崩溃的约翰尼，他对于这件事的反应可以说是歇斯底里的。但如果换一个孩子，或许就不会那么崩溃，或者干脆一走了之，继续玩别的玩具。孩子的情绪反应和他们的天生秉性、个人经历和周边环境都有关系，而这也再一次验证了，世界上从来就没有两个一模一样的孩子。

当孩子迸发出各种情绪时，他们还会因此引发一些生理反应，比如兴奋的时候脸会红，伤心的时候会流泪，害怕的时候心跳加速，紧张的时候掌心冒汗，快乐的时候喜笑颜开。我们会发现，孩子的这些表现和成年人没什么两样，但也正因为孩子的反应和成年人几乎一样，所以孩子的情绪对父母而言，变得更有迹可循。

不过，相对于成人而言，孩子的情绪反应可能表现得更加跳跃，有时甚至会让父母摸不着头脑。比如一个 3 岁小女孩早上看到奶奶进门了，她感到很欢欣鼓舞："我喜欢奶奶，我很高兴见到她。"她蹦蹦跳跳，满脸笑容。但很快，她就又冒出了另一个想法："每次早上奶奶一来没多久，妈妈就得去上班了。"这个想法让她非常伤心、非常生气，于是她开始又哭又喊："妈妈！别走！"

如果我们不从她的角度去思考问题，会觉得孩子简直就是喜怒无常，但是要知道，当孩子心中两种截然不同的情绪互相对撞的时候，当他们尚且没学会怎么控制情绪的时候，除了崩溃，别无出路。

当孩子们还是个小婴儿的时候，父母会替他们进行调节，会抱起哭泣的小宝贝，拥抱并且亲吻，或者唱唱歌、喂喂奶。在此期间，孩子其实也在学习着自我抚慰，我们的这些亲子互动行为就像是程序编码，被一点点写进了孩子的神经系统。而当他们进入幼儿期后，他们则要开始试着自行控制情绪，这是一个漫长的过程，其中孩子会经历各种坎坷，投入大量的精力去体会情绪、控制情绪。而其中最艰难的时刻，无疑就是当孩子无法控制住自己情绪时的崩溃举动，那些强烈的感受呼啸而过，他们还来不及品味和思考，就已经迸发了出来。

情绪并不是孤立的存在，它必然有某件事作为导火索，然后在环境、个人经历的刺激下，便成了一枚炸弹，轰炸着孩子的头脑乃至身体，带来思维上和生理上的反应。

可以说，孩子的情绪，是他们与自己、与父母乃至整个世界对话的结果，我们不能只想去压制住他们的情绪爆发，却不追根溯源，帮助他们找到控制情绪的根源。

孩子要想在成长过程中实现心智健康，最主要的任务就是控制住两种最有代表性的情绪——一种是强烈需要父母在身边的黏人情绪，另一种是迫切希望父母离开自己的撵人情绪。而让孩子产生矛盾情绪的一个重要原因，就是分离焦虑。

孩子的分离焦虑有很多表现，强弱也各有不同，有时候看似无足轻重的情形，却也能引发孩子的分离焦虑。很多父母在和孩子相处的过程中，都经历过这样的场景：孩子正在自娱自乐地玩耍，搭积木、画画、玩彩泥，一切看起来都是那么安静祥和，这时候，父母长舒一口气，起身去近在咫尺的洗手间，但还没坐稳，就听见客厅里传来了孩子的尖叫和哀号，就好像正在受什么痛苦的折磨一样。父母赶忙冲出去，却发现什么都没有，孩子大哭的原因只是因为父母走开了。

在父母看来，孩子正在自得其乐的时候，父母消失一两分钟应该也没问题，但是在孩子看来："这还得了！你怎么可以抛弃我呢？！"虽然他们在玩耍的时候觉得根本用不着父母，只靠自己就一切 OK，但一方面，他们又很担心独处，担心父母不在身边。

每一天，孩子都在与自己的情绪进行一场势均力敌的斗争，他想找到自我，于是高喊："我要自己做！你们快走开！"他又想确认只要自己稍有需要，父母就还会回来陪伴："我就是想知道你们会一直在这儿！"而他们要面对的，还不止这两种截然相反的情绪，他们还要自己学着分辨这些情绪是好是坏，学着去控制住它们，学着去吸引父母的注意力，学着去回应父母给出的回应。我们眼中孩子的一天是无忧无虑的，但其实，他们的小脑袋每天都累得够呛。

孩子很生气，后果很严重

为什么我们总说，消极情绪对孩子来说，更具挑战性和毁灭性呢？因为，一方面，孩子才刚开始了解这些消极情绪，另一方面，控制消极情绪更加困难，孩子尚不完全具备控制它们的能力。而父母要做的，就是帮助孩子去管理自己的情绪。

只不过，当孩子们生气时，父母的第一反应往往是——莫名其妙。"我怎么惹到你了？""我已经给了你最好的一切了，你怎么还会生气？""天哪，你一直不都是个可爱的小天使吗？你竟然会生气？"

尽管我们脑袋上浮现出无数个问号，不明白孩子气从何来，但我们都必须明白，生气就是幼儿期孩子生活的一部分，他们理所应当会出现各种失控行为，而身为父母，我们则必须允许孩子生气。我经常会遇到父母提出这类疑问："你觉得他生气正常吗？他是不是确实有点问题？他的脸会涨得通红，几乎无法呼吸，毫无理智可言，完全失去控制，这肯定不正常，对不对？"实际上，孩子的种种表现都很正常。

孩子在走向世界、发现自我的同时，也开始有了自己的想法和意愿，而这些想法和意愿，常常冲突于父母的想法和意愿。于是，孩子的那些意愿便常被父母们解读为冥顽不化，并加以限制。这无异于会让孩子更加沮丧，孩子不仅会觉得自己能力有限，而且还不得不因为能力原因而受限于父母，不能想做什么就做什么，想要什么就拿什么，于是，他们只能用发怒来表达自己内心的这种不满。与其说这是孩子在发脾气，不如说，他们是在以此来对亲子关系中的"不公正待遇"进行一场抗议。下面这几个例子，就很好地阐释了这一点。

　　3岁的莱昂内尔终于长高了，他能自己爬上游乐场的饮水台并自行饮水。于是有一天，莱昂内尔爬上台子，按下按钮，开始饮水，但他饮水时会舔到喷水嘴。妈妈轻声提醒他："别忘了我们的约定哦！不准舔喷水嘴，一定要保持个人卫生。"莱昂内尔当时很听话，但他后来还是又舔到了一次喷水嘴。妈妈马上抱走了莱昂内尔，提醒他要遵守约定。在妈妈看来，自己的要求绝对合情合理，但在莱昂内尔看来，什么喷水嘴不喷水嘴的才不是关键，关键是妈妈否决了自己自给自足喝水的愉悦感。莱昂内尔能怎么办呢？他又哭又闹，抗议母亲不让他用喷水嘴喝水。

　　4岁的佐伊放学回家，发现弟弟正在玩她好几个月都没碰过的小火车。佐伊一点铺垫都没有，就开始嚷起来："你必须要先问问我的意见。妈妈，你总是让他玩我的东西，但那东西是我的！"佐伊冲过客厅，冲进自己的房间，砰的一声摔上门，只剩下吓了一跳的弟弟和莫名其妙的妈妈。在妈妈看来，这不过是佐伊不玩的玩具，给小儿子玩玩也没什么，可是在佐伊看来，自己刚刚在幼儿园度过漫长的一天，而这期间妈妈一直都陪着小弟弟，现在回到家里，却发现妈妈就那么随便把自己的玩具又给了弟弟玩，她的嫉妒和焦虑一下子飙升到了最高。

莉莉2岁了，她妈妈离开家去参加朋友的婚礼。周末妈妈回家时，特意给莉莉带了一份礼物，她相信这会让女儿高兴起来。一进门，莉莉果然张开双臂欢迎妈妈，她非常激动自己又见到了妈妈，但几分钟后，莉莉就开始哭哭啼啼，还想动手打妈妈。妈妈很纳闷：她刚刚明明兴高采烈的啊，现在这是怎么了？而且自己还特意带了礼物呢，她怎么还是很生气的样子？没错，莉莉确实很高兴见到妈妈，但她也很生气，因为在她看来，妈妈之前离开自己就是大大的不对。所以，现在妈妈即使将新玩具在自己眼前晃来晃去，自己还是很生气！

父母们经常犯的一个错误就是：觉得自己的职责就是让孩子快乐。仿佛只要满足了孩子的要求，孩子就一定能快乐起来。这个理论不敢说百分百行不通，但却很值得推敲。因为，在快乐这件事上，孩子往往比父母更能掌握秘诀。得到棒棒糖确实很快乐，但是踩水玩泥巴也很快乐，有新玩具很快乐，但是和小伙伴追跑打闹也很快乐，哪怕我们不用各种物质奖励或语言去取悦他们，他们自己也能找到快乐的方法。更何况，即使我们使出浑身解数，孩子也不可能每一分钟都快乐。

我们要做的，不是给孩子能让他们快乐的东西，而是帮助他们战胜不快乐的东西。也就是说：我们没办法让孩子生活在百分百的快乐中，但却可以教会他们在面对不快乐的事情时，该怎么调节自己的情绪。而这也是育儿的精髓所在：**与其给孩子铺一条无比平顺的路，不如教孩子怎么翻越险峰，这样他们在独行的时候，才能走得更加踏实与坚定。**

因此，当孩子怒气冲冲的时候，我们与其忙着让他们的怒气消失，不如让孩子明白：这很正常，这就是你所必须面对的成长过程，现在，我们来试着去找出你生气的理由，然后我会帮你学着去控制情绪。让孩子明白这一点很重要，因为他们是可以轻松接受快乐的情绪的，但却很难很难接受自己不好的情绪。孩子会暗自担心："要是我有不好的想法或情绪，会不会就变成坏孩子了？""即便我生父母的气，即便我想撵走父母，他们还仍然爱我吗？"这个过程对刚开始了解自我的孩子们充满了挑战，他们才刚开始认识到自己的所思所感、所作所为有时是好的，有时又是坏的。而所有这些都是人的组成部分，不论男女老幼均是如此。如果父母能让孩子明白，那些出现在他们身上的情绪，在所有人身上都会有，那么他就能有处理消极情绪的勇气，并且自由自在地感受、表达乃至接受这些情绪作为自己生活的一部分。

虽然听起来有点不可思议，但成就孩子幸福的方法，就是要让他们接纳生命中那些不幸福的感受。

曾有对父母因为他们4岁半女儿的"问题"来找我。到底是什么问题呢？这个小女孩在要什么东西的时候，或在要求父母做什么事的时候，语气总是很不好。我经常听到父母有过类似的抱怨，而且父母通常都不喜欢孩子这样。也难怪，谁会喜欢这样的孩子呢？这就像家里多了个颐指气使的人在发号施令，而且发出命令的还是个奶声奶气的小孩子，这可真令父母尴尬。据这对父母说，他们的女儿还会因为自己的心愿没有达成而发牢骚乃至大发脾气，会一边喊着"我恨你！"一边跑开。

不过，这对父母又说，除此之外，他们的女儿善良可亲，在学校里很听话，也有一些好朋友。我问起他们会如何处理女儿语气不好、爱发牢骚的问题。他们的回答是，不断告诉女儿，这种行为方式是"不友好的、不能接受的"。他们还试过采取一些惩罚措施，但却发现女儿的行为反而变本加厉了，他们弄不明白，自己的女儿为什么"行为如此粗鲁"。毕竟，他们不曾这样对待过女儿，也没这么对待过别人，那么，女儿是从哪里学到这些行为的呢？

我又问："她是不是只有生气时，才用这种语气说话？"他们想了想，然后承认情况确实如此。他们回忆道，女儿的状况大多出现在父母施加约束的时候，比如被告之"现在不能看电视（或 iPad）"。我告诉他们，这可能就是他们的女儿在表达自己生气了，如果父母的回应是惩罚或批评，那么她就会更加生气，因为她觉得没有人理解自己。

面对这对疑惑的父母，我建议他们改变一下回应方式，不要再把所有注意力都集中在孩子的语气和牢骚上，相反，父母可以告诉孩子，这种感受就叫做生气的情绪，比如说："我明白，你真的很生气，你不喜欢这样，但我现在不能让你那么做。"这样，既给了孩子回应，又坚持了适当的约束，还让孩子明白了什么叫做生气的情绪。

他们回去后，按照我的建议尝试了几天，结果小女孩的情绪果然慢慢平缓了下来，抱怨明显少了，而且语气也好了很多，一家人又开始其乐融融了，即使偶尔遭遇冲突，也找到了化解之道。而在我看来，这场转变最有价值的地方，就是这个 4 岁的小女孩从此有了被人理解的感觉。

失控，是童年不可缺少的一部分

很多父母在谈到他们的孩子是如何发飙时，总会用到这样的词：突然，一瞬间，一转眼。似乎所有孩子的怒气都来得毫无预兆，自己不知道怎么着，就碰了那个失控模式的摁钮。

其实，孩子并非一下子就变得蛮不讲理，他们尚且处在幼儿期，这个年龄段孩子的一大特点，就是理解与控制情绪的能力刚刚才被启蒙，因此他们根本还做不到和父母冷静地沟通，或顺畅地表达自己的真实意愿。幼儿期的孩子可说不出这样的话："哦，我的好妈妈，如果再让我吃一块糖，今天我就会一直乖乖听话，您就放心吧。"他们可没那么淡定，那么能压抑自己的想法或者主动想出个解决之道。

他们不仅没办法去应对自己的情绪，甚至连语言都还在萌芽期，大脑也还在发育之中，虽然在我们眼中，他们就像是迷你版的我们，实际上，他们的意识还差得远。而这时候，很多孩子一旦遇到问题，唯一能做的，也只有大发脾气这一条路了。

其实，就孩子发脾气的初衷来说，他们并不想看到父母抓狂，尽管不少父母都觉得孩子是在故意和自己对着干，但凭着我数十年的观察和亲身实践，事实并非如此。相反，幼儿期的孩子可顾不上和家长对着干，他们正忙不迭地发展着自己的各项能力，比如努力发展语言能力，努力认识及理解自身的很多情感，努力学习如何控制这些各不相同的情感，努力学习征服这些情感的策略。但这些，都不妨碍他们脾气的爆发。

每当孩子出现失控的情况时，大部分家长会第一时间想办法分散注意力、提供备选方案，希望孩子把自己的坏情绪和引发坏情绪的事情忘掉。不过，这些策略可不是总能管用，而且暂时屏蔽的问题，并非真的得到了解决，它迟早还是会发作，会反复。这时候孩子会怎样？答案就是继续失控。

雅各布刚长到 3 岁的时候，他的父母曾经暗自庆幸了好一番，觉得这下总算是能松口气了，而且，雅各布也确实一直在进步着，他更喜欢表达自己了，独自游戏的时间也更长了，他情绪崩溃的次数在减少，生活也更轻松了。

有一天，爸爸来接雅各布放学，雅各布张开双臂，奔向父亲，他笑逐颜开，很高兴又见到了父亲。父子俩要离园了，雅各布也爬上了自己的小座椅——他完全是自己爬上去的！倍感自豪的雅各布静静地坐在座椅上，他准备回家好好休息，幼儿园里的游戏让他累坏了。而此时，父亲正在和老师还有一位朋友道别。雅各布慢慢不耐烦起来，他先是要喝水，接着又要吃椒盐脆饼，然后又想吃糖果。正在和朋友话别的爸爸也开始有点不耐烦了，他让雅各布再等一会儿，然而，这位爸爸紧接着就惊讶地看到，雅各布竟然向自己扔出了吸管杯！爸爸焦躁起来：“别这样！雅各布！”

在雅各布看来，他很高兴自己和父亲暂别后重逢，而现在他累了，想回家了，他也没什么再等下去的必要。尽管爸爸只想再待两分钟，但雅各布再也忍受不了这么长的时间。现在爸爸又在吼自己，雅各布开始哭起来，情况越来越糟，最后雅各布悲痛欲绝，他又喊又闹，脑袋还不断砰砰地撞向身后的座椅。大家可以想见，这位父亲在老师和其他家长面前是多么的尴尬，但大家同样也会感受到雅各布的沮丧和急欲离去。

对于这类情况，我能给予大家的最重要的忠告就是：淡定，保持冷静，要相信这一切终将过去。孩子的情绪不会永远失控，尽管失控的时间或许比父母预期的时间要长一些，但终究会结束的！多年的幼儿工作经验，让我看到了太多情绪失控的孩子，多年的亲身育儿经验，也让我处理过很多孩子情绪失控的情况，所以，我才能有以上感悟。

情绪失控的孩子，是绝对不会因为成年人的同样情绪失控，就会有所改善的！他们是不会轻易被震慑到的！孩子一旦情绪失控，他只不过是在告诉父母，自己已经不堪重负、濒临崩溃了。情绪失控的孩子无法理性回应，也没有倾听能力，这时的他们太焦虑了，所以，请不要强求他，不要试图哄骗他，也不要试图跟他交谈协商。一旦孩子突破了崩溃的临界点，那么最好的做法，就是允许他们情绪失控，而且永远不要因此而嘲笑、羞辱他们。实际上，这么强烈的怒火也让孩子自己非常害怕。严格来说，这时的孩子已经控制不了自身，这时他们的大脑已经不堪重负。而这期间，只能指望着父母来保障孩子的安全，有些孩子会因此而想让父母守护左右，另一些孩子则希望或需要父母拥抱自己。

　　孩子怒气勃发的时候，父母也常会觉得自己快要崩溃了。我对此情况给出的建议是：运用成人已经发育成熟而孩子尚未习得的那些大脑技能，父母要保持冷静，不要卷入战争，还要知道，这一切同样终将过去。但这并不是让父母弃孩子而去，正相反，父母绝对不能一走了之，也绝对不能威胁要离开孩子——无论你是想吓唬孩子，还是真的有那打算！尽管孩子的怒火会让其不堪重负，但被父母抛弃的想法，仍然会让他们倍感恐惧，而父母此时要是真的抬腿就走了，孩子就会以为可怕的想法成真了。

　　不少父母可能都有这样的经历：孩子虽然喊着"快走开！"或"我恨你"，但如果父母真的走开了，孩子就会疯狂地追在父母身后，甚至比刚才更加歇斯底里。

　　孩子确实在生气，但孩子确实也需要父母，此刻孩子正在心里进行一场势均力敌的战争：一方面想要离开父母，另一方面又想知道自己并不孤单。

　　看，从 2 岁开始，人的一生就充满了纠结时刻，每一次选择都那么艰难，都那么痛苦，但也就是在这样的权衡之下，在这样的抉择之下，孩子们长大成人，学会了平衡，学会了舍弃，学会了控制，学会了调节，最终，他们学会了成长，学会了主动把控自己的人生。

孩子失控时，父母怎么办？

面对满地打滚的熊孩子，估计 100 对父母会出现 101 种纠结和焦虑。那种高分贝的音量，浑身鼻涕和眼泪横飞的场景，东西被乱扔一气的烦躁，直接引发了父母心中的沮丧、挫败，此时此刻，很多父母恨不得自己也坐在地上大吼一通，或大哭一场。

尤其是幼儿期孩子的父母们，每天都像是在参加一场考试，但却丝毫抓不住重点，猜不出考题。我们也想发火，我们也有焦虑，但我们又忍不住怀疑："我这么想，是不是不对啊？我该不会成了那种传说中不负责任的父母吧？"

其实，无论多么内心强悍的成年人，让他每天面对一个一会儿温柔可亲、一会儿又突然失控的孩子，都会感觉脑袋大了好几圈，这是人之常情。可问题就在于：孩子此刻比平时更加需要父母的冷静和疏导。如果我们想让孩子将来成为一个通情达理、成熟稳重的大人，那么现在就必须身体力行，做出表率。

具体应该怎么做呢？

首先，我们要想方设法让自己冷静下来。比如告诉自己："他还只是个小孩子，而我是个成年人了。"或者深呼吸几下，平复一下自己的情绪，总之，用什么方法都好，但一切行动都是始终遵循着一条：不能一气之下离孩子而去。

当我们以这样的心态面对孩子时，不仅可以有效地让自己冷静下来，使孩子感到安心，又可以时时提醒自己——他还只是个自顾不暇的孩子，他也在努力和自己的坏情绪对抗。人在怒气之下很容易忽视很多显而易见的问题，比如父母会忘记自己的孩子多么弱小，而自己是多么应该冷静宽容地去对待孩子。

作为父母，我们除了要说服自己保持从容与冷静，还要具有敏锐的观察力。有时候，孩子正在积聚怒气，但还没有被触发那个崩溃点，这个时候，其实局面还是可以挽回的。父母可以趁这个机会帮孩子认识自己的情绪，并学会如何控制它们。比如我们可以这么说："宝贝，你现在确实很焦虑，因为有人拿走了你喜欢的玩具。""我明白你为什么生气，因为你没吃到饼干。""你今天很想邀请山姆过来玩，可他没来，你当然会失望。"父母的语气要让孩子能接受，要和孩子此时的情绪相搭调。我们这么做，就是为了让孩子知道，他的经历和感受，我们全都知道，他不是一个人。

在这个过程中，我们必须做到百分百的真诚，因为孩子虽然认知有限，但却并不傻，他们是能感受到父母是在敷衍，还是在耐心真心地引导。如果父母足够真诚，去帮孩子认识自己的情绪，孩子则会感觉到很安全："我没有出什么问题，爸爸妈妈在这里，他们能告诉我到底是怎么回事。"

有位妈妈跟我讲过她5岁儿子的故事，在周末的家庭聚会上，她的小女儿、也是儿子的妹妹迷上了两个表哥。她大部分时间都和表哥们在一起，却忽略了自己的亲哥哥，也就是在这一天，儿子不停地告诉妈妈，那两个表哥是多么坏，他是多么不喜欢他们。那天他对很多东西都不满意，用餐的时候，儿子没能坐上他想要的位置，为此还发了一顿脾气，而这完全不像平时的他。

一开始，这位妈妈真的怀疑那两个表哥做了什么不好的事，导致儿子心情不好，但慢慢地，她意识到了这是怎么回事，自己的儿子分明是嫉妒了。于是这位妈妈对儿子说："我敢打赌，你这么生气，是因为妹妹花了太多时间和那些大哥哥在一起。今天确实和平时有些不一样，妹妹现在确实不想和你在一起。如果我是你，这也会让我很生气。"儿子听后，会心地笑了，并且很快就振作起来。虽然妹妹还是和两位表哥玩得开心，但是他却不再那么难过了，因为妈妈指出了他的嫉妒感，他明白自己是怎么回事了。即便孩子长到了很少发脾气的 5 岁，有时候也仍然需要帮助才能理解自己的消极情绪。

幼儿期的孩子还不了解自己在心情焦虑时，会爆发出哪些情绪。如果父母能帮助孩子识别这些情绪，并给它们命名，比如"这让你很伤心"、"你生气了，因为他冲你喊"，则能帮助孩子逐渐理解这些难挨的情绪。永远不要因为孩子的失控而羞辱他，即使他仅仅因为最爱吃的饼干吃光了就赖在地上，或是乱扔勺子发泄情绪，都不要说出任何会伤害他自尊的话。孩子发的每一通脾气，其实都自有道理。原本他已经洗干净了手，就等着大快朵颐最喜欢的饼干了，可是这时候，他发现饼干已经"砰"的一声不见了，在这个早上，难道还有哪件事能比这更让一个 3 岁孩子伤心吗？所以他当然会哭，当然会扔东西，虽然他迟早会学会控制这样的情绪，但在此时此刻，这些情绪就是他生活的一部分。

父母与其冲着孩子大喊大叫，命令他从地上爬起来，或者是把勺子放回原处，不如轻声告诉孩子："我知道你想吃饼干，我很理解你为什么这么生气，但躺在地上或者乱扔东西终究是不对的。你可以跺脚，可以大喊，说你很生气，这些都是允许的。"这样说，既尊重了孩子的情绪，又能帮助他们将无处发泄的怒气转化为更无害的、更为别人所认可的行为。

　　不过，父母不可能任何时候都能第一时间想出最佳对策，有时我们会不知所措，尤其是在大庭广众下的时候，孩子只要情绪崩溃，我们便不得不去面对旁人那些充满批评的目光，他们仿佛在说："看啊，这家长是怎么教育孩子的，弄得孩子这么大喊大叫。"这时候，我们除了尴尬，还能做什么呢？

　　我至今都记得好多年前的那一幕，我在加利福尼亚那个无比开阔的广场上，眼看着我那时才2岁的儿子大大地发了一回脾气。他躺在地上，伤心欲绝，又踢又叫，让人无计可施。我所有的挽救努力都失败了，最后只能随他去。这时人行道那边有位男士走过来，我立刻浑身一紧，准备好要接受他的奚落或指责了，听些类似"这孩子怎么这么坏？""你这父母怎么当得这么糟糕"之类的话。而没想到的是，这位陌生人走近后只是笑着说："这会过去的，我们家孩子有一次也像这样，但他们现在都长大成人了，作为父母，我们只能尽量享受这段时光了！"我长长地松了口气。

　　现在，我也把这句话送给所有的父母：**别泄气，这一切终将过去。**孩子只是一些对世界充满未知的小孩子，我们不能用太高的标准去要求他们，不能拔苗助长，不能以自己的意愿去规划他们的行为。

可一旦在外面，孩子发起脾气来，我们除了任他去，还有没有更好的办法呢？

父母可以先把孩子带到一个不那么拥挤的地方，这样孩子会好受一点，然后，父母要帮助孩子平复一下情绪，重新让他们获得安全感。将孩子带离，并不是在惩罚他们，相反，是为了帮助他们更好地控制情绪。其实，孩子自己也不喜欢失控的感觉，那种感觉对他们而言是很恐怖的。但失控的状况已经发生，现在最好的解决办法就是父母和孩子一起亡羊补牢。当孩子情绪慢慢复原时，我们要继续安慰他们，让他们知道父母会一直守护在身边："你刚才很生气，可我会在这儿保护你，我一直会爱你，即便你焦虑不安、大喊大叫。"

我很理解家长在公众场合看到自己孩子满地打滚时的感觉，那种尴尬和无奈，让自己简直想把脸埋起来。但即便如此，我们仍然需要坚守自己身为父母的底线，没有什么事情比让孩子知道我们会一直爱他、守护他更重要的，无论别人用怎样的目光审视我们，都不能妨碍我们对于孩子的回应。

如果父母不能接受自身的怒气、坏念头或消极情绪，那么将更难接受孩子身上类似的特质。从小长到大，父母是不是都期望你是个好孩子？父母是不是总是告诉你没什么好焦虑的？父母会因你情绪不好就大肆羞辱吗？"这些历史经验甚至不堪回首的经历，几乎人皆有之，它们影响了我们如今的育儿方式。

但不要忘了，孩子冲我们发脾气，恰恰证明我们是他最亲近的人。尤其是幼儿期的孩子，只有对父母（注意，只有对父母，不是对保姆，也不是对学校老师）孩子才会爆发出最强烈的情绪。为什么呢？因为孩子只对最信任的人，也就是父母，才会展现最真实的本色。因此，孩子肯对父母发脾气，其实从某种角度上说，是件好事。父母要放轻松，要尝试理解人都会有消极情绪乃至强烈情绪，孩子会这样，成人也会这样。只有这样，当孩子再说什么"我恨你！"的时候，我们就不会那么认真了，因为你已经知道情绪是转瞬即逝的，所谓的"我恨你！"其实不过在说："现在我很生气！"

幼儿期的孩子，每天都在受到积极情绪和消极情绪的侵袭，他们既想自由自在地去探索世界，摆脱父母的束缚，又眷恋温暖的安全感，这种矛盾并非是他们能够自己应付的。而就外界影响来说，孩子会遇到约束，碰到界限，这些约束和界限有助于他们的发展，保证他们的安全，还能磨砺他们的能力，同时，也唤醒了他们对于情绪的认知。只不过，孩子的大脑尚且发育有限，他们对于情绪的认知还不足以让他们明白怎么去控制情绪，于是，崩溃、发飙、歇斯底里等情况还是会时有发生，但请记住，这些都很正常。

事实上，每一次父母的不离不弃、和风细雨的安抚，以及引导孩子重新发现美好的事物，都能让孩子的调节能力大幅增强。我们唯有和孩子坚定地站在一起，现身说法，言传身教去让孩子明白如何控制情绪，孩子才能真正获得至关重要的调节能力。这是个漫长的过程，一路上会意外频发，并且不断反复之前的状况，但没有任何一条正常的道路是好走的，没有任何一种育儿方式是只有快乐没有困难的，既然成为了父母，这些就是我们必须要承担的责任。

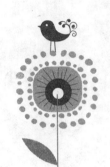

PART 7

孩子，欢迎来到这个瞬息万变的世界

How toddlers thrive

再微小的变化，对孩子都是大事

一天，3 岁的安娜贝尔正在认真准备美味的"培乐多大餐"，餐盘、杯子已经全部整齐地摆放在地上，各种颜色的培乐多彩泥铺满了地板。安娜贝尔专心致志地做着培乐多煎饼、培乐多蛋糕和培乐多热狗，忙得不亦乐乎。

这个时候，妈妈的声音在耳边响起："安娜贝尔，我亲爱的宝贝，该准备去上幼儿园了！"

可是，无论妈妈怎么呼唤，安娜贝尔就像没听见一样，继续准备她的丰盛大餐。妈妈走进来，有点不太高兴了："快点，安娜贝尔，我说过该上幼儿园了，快穿鞋去！"

安娜贝尔突然扬起了脸，抗拒地大喊起来："不！我还要玩呢，我还没做完饭呢！"

"可是，现在我们要去上幼儿园了，上幼儿园就能和朋友一起玩，难道不比一个人玩更好吗？"妈妈提醒安娜贝尔。

没想到，安娜贝尔反而哭了起来，而且越哭越大声。

妈妈坐在地上看着哭号的女儿，感觉自己也要哭了，她悲观地想："怎么一说要上幼儿园，这孩子就这样？！"

　　在育儿的过程中，我们都不止一次有过类似的经历：孩子前一分钟还表现得好好的，镇定安静，乖巧愉悦，但是下一分钟，在他们应该去做另一件事的时候，却一下子就变成了另一个人，不仅完全不服从家长的指令，而且情绪起伏不定，各种撒泼打滚。

　　父母们面对这种情况，往往最终会不得不一边大吼着、一边强行将孩子拉开，或者干脆听之任之，以便让自己消停一会儿。但在我们暴躁抓狂或无能为力的时候，却忘记了一点——孩子或许并不是故意晴一阵雨一阵，他们只是还没学会怎么面对过渡。

　　每个人的一生都要面对无数的过渡，有的过渡很大，有的则很小，有的是一次性的，有的则是每天都会经历的，还有些和季节有关。有平缓的过渡，比如走出浴盆后穿上睡衣；也有急剧的过渡，比如第一次离家去上幼儿园（对于很多孩子来说，甚至第30次这样做对他们也算是急剧过渡）。此外还有空间上的过渡，比如离开某个地方，去往另一个地方；也有情绪上的过渡，比如将要离开让自己舒适、熟悉的地方，对新地方却充满了担心、好奇和恐惧；还有思维上的过渡，比如从已知到未知；以及日常上的过渡，比如从吃午餐到睡午觉。

　　过渡意味着成长，比如当孩子从小婴儿床过渡到儿童床。

　　过渡意味着转折，比如从别人口中的弟弟妹妹，变成了哥哥姐姐。

过渡意味着新奇，比如那些新人和新环境带来的各种惊喜。

既然过渡有着这么多美好的意味，那么孩子们为什么还会排斥过渡呢？因为但凡是新鲜的，孩子们都难免会有些害怕，即使他们心里同时也觉得兴奋，但恐惧感也是真实存在的。不光孩子，即使是成年人，也会喜欢那种了然于胸的舒适和踏实。

即使是我们眼中最微不足道的过渡，对于孩子们来说，也都是大事，因为凡是过渡，必然意味着改变。在过渡中，孩子从熟悉的已知，慢慢走向陌生的未知，从此时此刻，开启未来全新的领域。每一次挥别旧的、迎接新的，对于孩子们来说都是一道门槛，门这边是已然要结束的过去，门那边是伸手可及的新鲜世界，在孩子的概念中，这些都是他们所必须面对的转折。

但凡是转折，必然有着不稳定性，有着飘忽的特质，有着前途未卜的可能，而这也就是孩子会对转折、对改变、对过渡格外敏感的原因。虽然喜新厌旧是人的本性之一，但人性里同样也有着对于千篇一律的痴迷，我们害怕变化，害怕陌生，害怕告别，哪怕这告别仅仅是在早晨要告别自己的睡衣，或者在吃饭时告别自己的玩具，但对孩子来说，告别就是告别，都会引发他们的恐惧。

父母们如果想搞明白怎么帮孩子面对过渡，其关键仍然是那四个字——转换视角。我们要从孩子的视角去思考问题，孩子只活在当下，也正因此才会讨厌改变，因为改变与他们所关注当下的状况是背道而驰的，改变，就意味着逼着他们将目光从当下挪开。孩子们追求独立的过程，从某种意义上说，其实也是一次对内心的违背，虽然这种违背意义深远，可孩子尚且不能完全信任自己，他们还没作好准备，他们还需要父母的帮忙。而过渡，则一次次让他们重温这个过程，他们自然会产生排斥。

幼儿期的孩子，其经历中的绝大部分时间，都是在体会过渡。他们缺乏时间感，缺乏秩序感，不能预料或筹划下面将要发生的事，一旦发现情况有了变化，他们就会手足无措，将过渡视为挑战。

其实，对于父母来说，孩子的过渡确实算得上是挑战，不仅对孩子，也对自己。孩子每当对过渡产生不适应时，总会被激发出沮丧、生气、困惑、焦虑、害怕等情绪，而这些情绪，又会让他们的言行更加不受控制，所以孩子一到过渡期，便会拖沓、不听话、抗命不遵乃至情绪失控。

那么，父母如何帮助孩子面对这些急剧的转折呢？最好的方法就是：**不管遇到什么过渡，父母都要努力帮助孩子转移注意力，让他们勇敢放弃已知的当下，进而去关注陌生的事物。**

回到本章一开头安娜贝尔的那个例子。她喜欢上幼儿园吗？如果她真喜欢，那妈妈说要去上幼儿园时，她又在抗议什么呢？事实上，安娜贝尔确实喜欢上幼儿园，也喜欢学校里的朋友。但是，要从当下的"在家游戏"，到随后的"出门上幼儿园"，安娜贝尔要先征服巨大的转折，她为此不得不去做很多事。以安娜贝尔的程度，她还不能按照时间来组织自己一天的生活，于是，当她的注意力不得不从正在准备的培乐多大餐，突然转移到"上幼儿园"模式时，意味着她要停止游戏，要放弃当下关注的东西，然后切换到别的事物上去——准备去幼儿园，而且必须马上就得行动起来，投身于这项新活动，比如先穿上鞋，再背好背包。

对于情绪化的安娜贝尔来说，告别现在的一切，自己需要考虑、需要实施的事情太多了，自己怎么可能做得来？

幼儿期的孩子大脑发育水平有限，还尚未发展出那些有助于征服改变的自我调节能力，包括专注力（可以灵活地转移注意力）、规划力、情绪控制力及调度力（比如先穿袜，后穿鞋，再背背包）。而这也等于从另一方面解释了，成人帮助孩子征服过渡为什么会如此重要，如果父母能把过渡期的转折视作锻炼的机会或机遇，辅助孩子借此努力培养出独立的习惯，那么一方面父母未来能更轻松地引导孩子，另一方面，亲子之间也会沟通得更加顺畅和愉快。

两岁半的布莱斯不喜欢幼儿园里的任何过渡，过渡让他不安。收拾玩具时，布莱斯会哭；列队外出时，布莱斯会乱扔手上抓到的任何东西。然而，等到布莱斯终于发现收拾好玩具后就能吃到加餐的时候，他就不再哭了，还能自己跑到加餐桌旁。在对过渡的学习中，布莱斯获得了控制感，而控制感总能平复孩子不安的情绪。最后，又花了几周时间，重复了很多次的外出活动之后，布莱斯又弄明白了一点，那就是自己和小朋友们围圈集合之后，总是会列队外出，而且老师也总会陪着他们。发现这个规律后，布莱斯比以前平静多了，并且还会期待和小朋友们一起列队集合，并且，再也不扔东西了。

征服改变，是成长的重要组成部分，尽管这需要大量的重复练习。

日常过渡有助于锻炼孩子的灵活性，不过需要有时间作为支撑，和成年人进行引导和提醒。懂得灵活机动的孩子，才能直面"人生不可预知"的本质，比如接受最好的朋友今天突然不来上学的现实，比如接受某块拼图片突然不见的现实，比如接受最喜欢的衬衫突然脏得不能穿了的现实，以及因为下雨而突然要改变出游计划的现实。

孩子自己的经历，加上父母的引导，再配合他们不断发育着的大脑，这些糅合在一起，就帮助孩子锻炼出了越来越好的征服过渡的能力。日常的过渡帮他们奠定了良好的基础，他们慢慢便可以应对更大些的过渡，比如家中添丁、搬新家、转入新学校、失去某样东西等。

培养过渡的能力，是一个循序渐进的过程，孩子们从小事做起，最终，他们将拥有征服生命中重大起伏的能力。

过渡，不仅仅是从这里到那里

孩子的生活，就是由一个接一个过渡组成的。每天早上一睁眼，他们就从熟睡过渡到了清醒，然后从穿衣过渡到吃早餐，再从吃早餐过渡到换衣服，之后过渡到上车外出，过渡到进入学校，在学校经历一天的各种过渡后，再次过渡回家……周而复始，即使是看来再波澜不惊的日子，其实也是在不断的过渡中完成的。

除了这些日常的过渡外，孩子还要面对一些频率较小、但类型较大的过渡，比如从婴儿床到儿童床、从纸尿裤到小内裤、从用安抚奶嘴入睡到不用安抚奶嘴入睡等等，再比如，迎接一位家庭新成员、转入新的学校、放暑假了等等。很多过渡，在父母看来是缓缓而至或是让人欢欣鼓舞的，可是幼儿期的孩子，他们还没有习惯处理过渡，于是常会觉得那些过渡都很有挑战性，甚至是令自己困扰、害怕乃至不堪重负的。

在育儿中，涉及过渡，最大的难点就在于父母和孩子视角的截然不同。在成年人眼中，过渡不过是从这里到那里，从这样到那样，仅此而已。可是在孩子的世界里，这里和那里之间隔着千山万水，这样和那样之间隔着一场足以摧毁一切的大地震。让他们抛弃熟悉的舒适感？让他们离开当下？还有比这个更让人发抖的事情吗？！

假设一个孩子正起劲地用乐高积木搭建房子，这时如果妈妈告诉他要收拾好玩具，去准备吃午饭，那么他就有一种被欺骗的感觉，就会觉得这样的要求全无道理："什么？你说该吃午饭了？我还没玩够呢，让我丢开玩具去干别的事，别开玩笑了！"孩子一旦失去了镇定的感觉，那么各种消极情绪就会同时涌出，从而影响到他的行为。

过渡的辐射面和影响力远比父母们想象的要大，不仅是孩子会对过渡手足无措，成年人同样也会因为过渡而产生复杂的情绪。想想看吧，看到孩子学会摇摇晃晃地独立行走时，不也是百感交集吗？我们既衷心为孩子的成长而高兴，又有些怅然。每年幼儿园的毕业典礼上，总会有很多家长流下眼泪，这眼泪有喜悦，也有伤心，有欣慰，也有不舍，孩子的每一点变化，其实也都是父母的一次过渡，我们也会被牵动出焦虑或倍感压力这样的消极情绪，也会五味杂陈，悲喜交替。

就更不要说，我们在刨除父母的身份，仅仅作为一名成年人时，自己同样要面对各种大大小小的过渡，而这些过渡也常常会让我们局促不安。既然我们尚且如此，更何况不谙世事的孩子，他们要经历无数个平生的第一次，在第一次扔掉奶瓶、第一次搬出婴儿床、第一次换牙、第一次去幼儿园中，孩子们不断迈开步伐向前。

一次次过渡中，我们的孩子，就这么长大了。

过渡本身就是一件具有两面性的事，欢笑与眼泪齐飞，这笑泪既有孩子的，也有父母的。当我们发现孩子不像以前那么依赖我们的时候，我们就会有一种失去感。一位妈妈曾说过这么一段经历，过去每天送女儿上幼儿园时，女儿都会哇哇大哭，但当有一天，女儿甩开她的手，头也不回地走进幼儿园大门时，她自己却忍不住怅然落泪，她说道："我真是太伤心了，我觉得女儿不需要我了。"

过渡，不仅对孩子来说，不光是从这里到那里那么简单，对父母而言，也同样是个复杂的过程。即便我们享受孩子的成长，也难免会体会到伤心，而这也时刻提醒着我们，孩子尚且在成长，他虽然日新月异，可仍然状态不稳定，需要我们的理解和引导，关爱和陪伴。

父母可能难以计量孩子要面对多少过渡，但是有一些过渡却是我们经常遇到的。下面这些，就是幼儿期孩子生活中经常会出现的过渡，以及一些特定时刻或极端情况下的过渡，可以给父母们做一个参考：

* 起床，从熟睡到苏醒

* 换衣，换下睡衣，穿戴整齐

* 停止游戏，准备吃饭

* 从家到学校

* 因周末而打破了工作日时的常规

* 关掉 iPad 或电视，进行另一项活动

* 上床睡觉或午睡

* 扔掉奶瓶或安抚奶嘴

* 从纸尿裤到小内裤

* 从学校到家

* 告别要去上班的父母

* 开始新学期，或开始上新的课程

* 搬新家

* 家里添新丁

* 亲朋好友来做客

* 换新保姆

* 父母下班回家

* 度假

* 领养新宠物

* 孩子认识的人去世了

每一个过渡，都是艰难的跨越

从孩子的角度来说，没有哪个过渡是容易的，即使是从玩具旁离开、走到餐桌这样的过渡，也让他们宛如经历了一场飓风。

所有过渡都意味着改变，而改变，终归是件让人忐忑不安的事，就连成年人都不可能百分百泰然处之。就拿"周末忧郁症"来说吧，每到周日下午，很多人就开始莫名烦躁，其实根本没有谁去打扰他，唯一的理由就是因为第二天不得不从放松舒适的休闲氛围中，过渡到紧张繁琐的工作氛围中去。

记得当我生第一个孩子时，在要离开家赶去医院的那一刻，我内心忽然就充满了犹豫，我忍不住把各个屋子都环顾了一遍，心里有个声音在说："我的人生就要有巨大改变了，我不知道回来后这里会变成什么样子，但肯定有地方不一样了。"我兴奋、幸福，但又忐忑、害怕，现在想来，我那一刻，体会到的就是过渡的感觉。

过渡，就像是贯穿我们人生的一场场仪式，一个个路标，一次次毕业典礼，证明了我们在不断前行。身为成年人，我们面对过渡会产生的那些感受，我们的孩子们在经历过渡时，同样可以体会得到。其实，只要我们愿意换位思考，我们便不难明白孩子面对过渡时的所念所想，不难明白为什么即使在面对那些看似无害的过渡时，孩子同样会产生消极的情绪。

对幼儿期的孩子来说，即使是很小的过渡，也可以引发强烈的情绪，让过渡变得更加难以征服。过渡为什么令孩子如此痛苦？大家还能想起自己在幼儿期的生活吗？即便记忆已经变得模糊，但我们仍然能回忆起那时的某些信息。幼儿期时，每个人的身体、智力、情绪乃至社会性，都在极速发展。每个孩子都会在这一时期收获很多全新的感受，其中很重要的一种就是参与感。如果孩子觉得自己能控制某些东西，能影响周围的环境，能制造所期望的结果，那么，他就会有参与感。参与感是一种很棒的感觉，它让孩子可以自行选择，还让孩子倍感自己的强大。

参与感的获得可以很简单，比如用锤子敲木钉，让它穿过玩具工作台，这就足以让孩子欢呼不已："那是我干的！"但参与感的获得有时也很难，比如孩子费尽全力，可能也无法完美拼上两段玩具火车的轨道。但无论如何，参与感都是幼儿期孩子独立意识的一个重要指标，它的存在，让孩子相信自己能独立面对问题，能进行自主选择，能抓住机会。而这也促进了他们的学习能力——只有当孩子觉得自己能有所作为时，他才会想去尝试。

而影响参与感获取的一个重要原因就是——过渡。过渡会让孩子觉得生活失去了控制，觉得自己没有能力去掌控自己的生活，更没法好好地参与其中，于是陷入焦虑和害怕。这时孩子会生气，会攻击他人，会闷闷不乐。孩子在过渡期很容易就会缺少参与感，他们需要父母的帮助，才能认识并征服过渡。泰勒的故事就解密了这一重要过程。

泰勒出生在美国的纽约，他的父母都是哥伦比亚人，但泰勒只知道纽约是自己的家。在泰勒4岁的时候，他们举家搬回了哥伦比亚。为了让泰勒顺利过渡，他们做了照片簿，还举办了道别会，就此告别了泰勒在纽约的家、学校、朋友和邻居。泰勒很兴奋来到哥伦比亚，看望爷爷奶奶和那些表兄弟们。一开始是蜜月期，泰勒喜欢新床、新家和新的邻居，还特别喜欢爷爷奶奶就住在附近。他在这里的家有个后院，他还有了新的朋友，泰勒迫不及待地想开始新的学校生活。他们搬家时正值夏天，学校已经放假了，但泰勒想去看看学校，于是妈妈带他参观了一番，但当时学校里还没有小朋友，所以泰勒只看到了教学楼和游乐场，妈妈觉得跑来跑去的他看上去很高兴。

妈妈察觉到的唯一隐忧，就是泰勒顺口提过："我想回原来的学校。"有几次，泰勒还问起什么时候能回原来的学校。不过，尽管这样，泰勒仍然兴奋地谈论着即将开始的新学期。

又过了几周，泰勒全家去参加学校的迎新会。泰勒还是很高兴，他和新认识的小朋友一起游戏，似乎轻松适应了新的环境。泰勒对新学期兴奋不已，这让妈妈终于松了一口气。

然而，第二天，早起的泰勒告诉妈妈："我不喜欢这个学校！我想回原来的学校！我原来的那些朋友呢？！"

以前让泰勒兴奋的东西，现在却让他非常焦虑。出国，搬新家，泰勒至此已经征服了很多过渡。但换学校，却让泰勒终于感到不堪重负，加上老朋友们也不在身边的事实，进一步压垮了泰勒。在开学日那天，惶恐不安的泰勒一到要出门上幼儿园时就很快哭了起来，他边哭边说："我不喜欢这个学校。"

虽然泰勒已经熟悉了环境，已经熟悉了那些亲人，但他仍然还在调整。妈妈觉得 3 个月的时间应该足够泰勒安顿好了，但泰勒自己却并不这么认为，对他而言，不管换什么学校，都是很大的改变。父母刚告诉泰勒到了哥伦比亚要换学校时，他脑海里浮现的可能还是原来的学校、原来的朋友和原来的老师，因为泰勒只知道这些，也只能猜想出这样的画面。等到真正看见新的学校、新的教室、新的小伙伴和老师之后，泰勒突然明白了："等等！这不是我原来的学校啊！我不认识这些！原来那些人和东西呢？！"泰勒非常焦虑！

因此，不管父母怎么安抚，泰勒都无法接受新学校。父母知道这是所好学校，而且觉得儿子会逐渐调整适应的，但 4 岁的泰勒完全不这么认为。对他而言，这是巨大的过渡，而且这个过渡让自己以前所拥有的一切都消失不见了！

忧心忡忡的妈妈电话咨询我该怎么做，她说现在泰勒总是会在家呆坐很长时间，他看着窗外，盯着远处的建筑物，就像梦呓一样地说："我看到曼哈顿了，你看到我的保姆了吗？她就在那儿。我还看见了原来的学校。"

泰勒的妈妈把这一切向我和盘托出，她甚至对泰勒的表现很惶恐，觉得自己的儿子或许出了什么问题，而我则很快明白了这是怎么回事。

我向这位妈妈解释，泰勒是在想念原来的家，他在哀悼因搬家造成的告别和失落。过渡是一个过程，而父母在过渡期间，可以帮助孩子纾解因变化而产生的伤感和失落，这样，孩子就能更乐观地接受现在的处境。但是，父母必须要先敢于承认孩子的失落，看到孩子的处境。

　　妈妈开始和泰勒谈心，谈起对于原来的家、原来的学校和旧日朋友们的思念。泰勒一边听一边提问，有时还一边哭一边哀求要回到原来的学校。泰勒一直在试图搞清楚，新家到底是怎么回事，于是他开始问："这里的天空和曼哈顿的天空一样吗？我们的天空没变化吧？我们现在的月亮和过去还一样吗？"置身于巨大改变的泰勒，正在努力搞清楚自己的处境，努力弄明白自己现在在什么地方。

　　每年我们幼儿中心学期结束时，我都会提醒老师，一定要告诉孩子们再开学的时候，学校依然还在这儿，学校只是因为放暑假而停课。孩子们需要这种确定的踏实感，需要知道他们在秋天或者冬天回来时，学校还在这里。而对于像泰勒那样要换新学校的孩子们，我们则会告诉他们，即便你们换了新的学校，原来的这所学校也依然会在这里，不会消失。

　　后来，一天天过去了，泰勒开始一点点融入新的学校。然而有一天，泰勒问妈妈能不能再去看看纽约，妈妈的回答是肯定的："当然可以，宝贝。"但是泰勒想马上就去、今天就去、现在就去（泰勒还无法理解距离），但妈妈却一直说他们不能马上就去纽约，这让泰勒很生气："那地方又不远！我睡一觉就到了。"妈妈此刻才意识到，自己以前从未想过这一点，没有考虑过泰勒对于时间和空间的概念，和大人并不一样。当初他们从纽约搬到哥伦比亚的时候，正好是晚上，泰勒还穿着睡衣，一上飞机，他就舒服地睡着了。等他醒来后，飞机已经着陆了，因此在泰勒看来，从纽约到哥伦比亚的距离并不远，孩子对于过渡需要跨越的时间和空间没有概念，而很多困扰恰恰源于这里。

孩子们指望成年人能告诉他们一个有说服力的故事，描绘出过去和现在的生活，这样他才能理解，自己身上到底发生了什么事。然而需要注意的是，这个表述必须要让孩子在面对过渡时，有稳定感和舒适感，必须有助于孩子情绪的调节，无论是搬家、转校，还是扔掉奶瓶，大大小小的过渡都需要父母这样做。

泰勒需要的，是一个关于他如何从纽约到了哥伦比亚的故事，他坐了很长很长时间的飞机，飞了一晚上才到这里，他已经告别了美国的纽约，正在另一个国家。此外父母还应该不断告诉泰勒，他们搬到哥伦比亚的原因，比如说"因为爸爸找了份新工作，所以我们要搬家"，又比如"这儿是我们的家乡"。否则，泰勒可能觉得自己做了错事，而搬家是对此的惩罚。还有一点也很重要，就是要告诉泰勒新家距离旧家很远，但纽约没有因此消失，它依然存在，另外旧学校和老朋友们也都还在那儿，他们不会因为泰勒不住在那儿就不见了，让孩子知道这一点同样很重要。故事可以填补孩子大脑中关于过渡的空白，让孩子知道搬家是有原因的，而且这不是他的错。这么做让孩子不用再担心过渡的出现，是因为自己的错。

最后，我向泰勒妈妈强调了最最关键的理念：要允许孩子因为失去的东西感到伤心和生气。学会接受失去，学会接纳伤心，也是孩子成长的一部分，这样才能保障他们继续前行。消极的情绪对孩子很重要，他们需要明白自己就算有伤心、生气、渴望等情绪也是没关系的，需要父母的允许和支持。

我经常听见搬家的父母，尤其是搬到很远很远的地方的时候，总喜欢对孩子强调搬家的积极因素，搬家确实能带来很多积极的、新鲜的东西，但却不能因此忽视了孩子因搬家产生的伤心、生气和担忧。况且，这些父母在搬家过程中，自己也常会百感交集，就更不要说这件事发生在一个幼儿期的孩子身上了。

每一次过渡，对孩子而言都是一个艰难的跨越，他们并不明白发生了什么事，不明白为什么发生这件事，不明白自己应该怎么面对这个过程中的失去和失落。所有这些，都需要父母来教他们一一学会。

不过，虽然对于孩子来说，每一个过渡都是一次艰难的跨越，但是父母仍然可以做到有章可循，可以采用一套科学的方法，让孩子更加适应过渡，并最终成功征服。其中最关键的因素就是——规矩的建立。

规矩其实就是将一个个过渡程序化，将过渡引发的不适感，变成让孩子舒适的熟悉感。孩子在规矩中有一种一切尽在掌握的感觉，并且会对接下来要发生的事做出预期，这样一来，他们在从一件事情转到另一件事情上时，分离焦虑才会大大减弱。

如果能用规矩引导孩子征服过渡，那么任何日常性过渡都会变得更加平稳——不管是换衣服、刷牙，还是就餐、出门。很多幼儿园一到该收拾玩具的时候，就会安排孩子们唱歌，或者是放一段音乐，为什么呢？因为这是一种仪式。一唱歌，一放音乐，孩子就知道这是收拾玩具的时间了。在我们中心，一收拾好玩具，孩子就会跑向加餐桌，他们也许还想玩，但重复的规矩让孩子明白，一收拾好玩具，自己就该去吃加餐了。

下面，我们将具体分析一些对于孩子来说，属于大型过渡的事件，父母们可以了解如何和孩子一起面对这些成长中的重要转折，如何让孩子在过渡中学会接受变化的存在。

乔迁——对孩子来说，未必是喜

对于成年人来说，乔迁之喜往往让人兴奋，搬家意味着会有新的邻居，新的环境，新的生活状态。而对于孩子们来说，乔迁带给他们的，更多的却是茫然无措，那些所有让成年人憧憬的新邻居、新环境、新状态，对于孩子们来说，却无异于一场人生巨变。而这，也就是我们所说的"大型过渡"。

对孩子而言，他们迄今为止只知道那个自己所熟悉的家，那里装载着满满的安全感和舒适感，一旦熟悉的生活发生改变，他们难免会不适应。搬家期间，家长要充分顾及孩子的这种心理，即使新家和旧家相隔并不远，父母也不应再给孩子的生活增加其他重大的改变，比如扔掉奶瓶、放弃婴儿床、学习上厕所等。孩子的年龄阶段注定了他们每次只能对付一种改变。

父母应该在临近搬家的时候，向孩子明确说明搬新家这件事，但切记不要过于提前，孩子缺少时间感，如果说得太早，会造成孩子不必要的焦虑。因此搬家之前，每次家人在讨论搬家事宜的时候，都要尽量先避开孩子。

此外，在对孩子说出实情时，最重要的是向他保证：即使搬家，父母和兄弟姐妹也全都会在一起，全家人乃至宠物狗狗，都还会在一起！父母要说清楚，孩子的玩具、故事书、儿童床等一切东西也都会搬进新家。父母还可以说说新家的情况，比如谈谈孩子的新卧室，如果孩子年龄较大了，还可以让他为新家新房间挑点东西，比如挑选新床单、新枕头、卧室的颜色等。

　　如果可以的话，不妨提前带着孩子去看看新邻居、认认新房子，还可以去新家附近的公园或商场逛逛，帮助孩子熟悉这些地方。请记住，每次过渡对孩子而言，都意味着失去，而孩子需要父母的帮助，才能逐渐学会征服失落感。孩子在搬家时正在放弃熟知的家园，要想帮助他们面对改变，父母还可以和孩子一起做一本纪念簿，和现在的家告别，收集的照片可以是关于孩子现在住的房间、这栋房子及家附近对孩子有特殊意义的其他事物，比如当地杂货店、孩子最爱的游乐场等。

　　另外，父母应该请孩子也加入搬家行列，这样更能保障孩子拥有参与感。在搬家当天或者搬家前一天，可以交给孩子一个可以放玩具的箱子，这等于告诉孩子："玩具也会跟我们一起搬到新家里去。"或者还可以给孩子一个背包，让他往里放一些他感觉最特别的东西，当孩子背上这个由他自己准备的背包后，心里会格外踏实。

　　父母在搬家中常犯的一个错误就是，只会一味强调搬家的好处，却对可能带来的消极情绪绝口不提，仿佛这样，孩子就会乐呵呵地接受这件事。但事实上，那些情绪并不会消失不见，反而会因为我们的掩饰，而变得越发明显。

　　有对刚刚经历搬家的夫妇不久前联系我，称自己因为"拖累"了女儿而感到分外内疚：他们因为换工作而突然搬家，使得 5 岁的女儿不得不在年中退学。因此，他们在安顿新家之前，先安排了一趟迪士尼之旅，认为这样会让女儿高兴起来，会让女儿像对待迪士尼乐园那样对待新家。可结果，女儿确实喜欢迪士尼乐园，但她并不喜欢自己的新家，女儿依然很生父母的气，女儿会因怀念旧学校而哭泣，还抱怨起新家的气候——尽管新家的气候比旧家好多了，女儿也不喜欢新家这边的杂货店，她说："一点都不像真正的杂货店！"而这一切，都让父母完全无计可施。

我告诉这对父母，他们的女儿这些表现都很正常，她不过是正在想念原来的家和生活。我问起已经搬家有 3 个月的他们有什么感受，这对父母都承认，自己也很想念原来的朋友、原来的房子和原来的邻居。看，事实证明，孩子的感觉并不是孤立的。我建议他们，不妨带着孩子去原来的家看一看，这样孩子才会更加明白确信，自己之前熟悉的一切都还存在着。

没过多久，他们全家就造访了以前的城市和朋友。父母带着女儿去了以前的学校，女儿在那里跟小伙伴们谈起了自己的新房子和新学校，还说起新学校的花园有多酷。重新见到大家让女儿很兴奋，她也自豪地分享着自己的新经验，回到新家的女儿安心多了，父母也同样如此。

我们必须允许孩子缅怀已经逝去的过去，只有这样，他们才能迎接未来。而伤感和失落感，是过渡不可或缺的组成部分。

要想处理好搬家带来的情绪问题，建议父母在安顿好新家之后，要让孩子有机会伤心、生气及想念旧家——即使孩子也喜欢新家，但对原来的缅怀，于他们而言同样重要！有时候，孩子可能会在意某些看似微不足道的东西，以此来表达自己搬家时的情绪。

　　4 岁的罗拉刚搬到新家后，每晚都哭："我想念原来窗外的那盏蓝灯，没有蓝灯我睡不着。"在她原来住的公寓楼隔壁就挂着这样一盏蓝灯，罗拉习惯了透过卧室窗户看着蓝灯睡觉，并且把它当成夜灯了。于是罗拉的父母和女儿谈论那盏蓝灯，谈她是多么想念那盏灯，还谈到了睡在新家时的乐趣。父母的表述既谈到了旧家和旧卧室，又讲到了新家和新卧室；既意识到女儿的兴奋感，又承认了女儿的伤感和担心。于是，在某个晚上，罗拉出人意料地宣布："我喜欢我的新床，我喜欢新的紫色床单，我再也不想要什么蓝灯了！"孩子适应过渡总要一些时间，但我们要相信，一切终将过去。

成为哥哥姐姐——孩子的兴奋和失落

添新丁对每个家庭而言都是一件大事。于父母而言，这无疑更是件让人高兴的好事，可是对于孩子来说，成为哥哥或姐姐，却让他们喜忧参半。

添丁会破坏孩子的安全感和被呵护的感觉，还会破坏孩子已知的生活格局。家里又要多出一个孩子？这对现在的孩子不亚于一场惊天巨变。

有个叫利亚姆的孩子得知妈妈很快就要生小宝宝时，他琢磨一会儿后问道："谁来当小宝宝的妈妈呢？"得知自己的妈妈还会当小宝宝的妈妈后，他呆住了，尽管他也听见了诸如"你始终是妈妈的大儿子，始终是妈妈唯一的利亚姆"此类的话，但紧接着，利亚姆当天一睡醒午觉就气愤地对妈妈说："是谁让你当小宝宝的妈妈的？！"

对于每个人来说，无论是成年人还是孩子，这个世界上都有那么一两个人是最最重要的。而现在，有人告诉你，你不得不与别人分享这些人，你能接受吗？当孩子要成为哥哥姐姐时，他们通常也会百感交集。

初听这个消息时，很多孩子都很兴奋，但其实，他们并不太清楚这到底是怎么回事。孩子会问："你们仍然是我的爸爸妈妈吗？""你们仍然喜欢我吗？""妈妈肚子里到底是什么？"等等。身为父母，我们不要总觉得孩子的问题太过幼稚与天马行空，因为在迎接新孩子的时候，父母同样也会百感交集。告别当下的家庭结构，迎接新生儿，这也是一种不小的改变。

对于添丁这件事，无论我们怎么给孩子描述，他们都会觉得所有这些都特别抽象，自己现在是父母的唯一或最小的那个宝贝，但马上，自己就要变成哥哥姐姐了，将要和新的宝宝一起分享父母。可以想见，这会让孩子多么的困扰。而人生最困难的，常常就是等待，无论是父母还是孩子，双方都在艰难地等待新生儿的到来。正因为此，我一直强调孕期父母应该学会沉默，学会保守秘密，尽可能晚地告诉孩子这个消息，因为越早说出实情，越会让孩子产生更多的焦虑。下面这个例子就足以验证这一点。

尽管我劝了很多次，但是杰德的父母仍然迫不及待地告诉女儿，家里就要有小宝宝了，这对父母坚信这是件好事，因此女儿现在就应该知道，于是他们告诉将近 4 岁的杰德，还有 3 个月，她就要当姐姐了。杰德的反应是："我不想当姐姐，我就是我，我就是杰德。"父母向女儿保证，她还是杰德，只不过会变成家里的大姐姐，可杰德根本不买账："我现在还是小宝宝杰德，我们家不再需要小宝宝了！"从那以后，杰德会特别宣称哪些东西是自己的，是不能与人分享的："这是我的游戏室，要是再有小宝宝，我们得再准备一间游戏室。"摇摆不定的杰德，一会儿是她愿意做的大女孩，一会儿是她假扮的小宝宝，她甚至会躺在地上，一边假哭一边说："我是小宝宝，快把我抱起来。"杰德有天还大声喊道："我是最特别的宝宝，非常非常的特别，我们家不需要新的宝宝！"

不过，杰德对新宝宝并非一味地排斥。每天一起床，她就兴奋地问同一件事："宝宝今天出生吗？！" 3 个月来，杰德几乎每天都在问同样的问题，而否定的回答总是让她既失望又生气，忤逆且崩溃，于是她的父母来找我，问我应该怎么办。我建议他们，以后尽量少谈即将出生的宝宝，而是告诉女儿那个宝宝很久很久以后才会出生，最好要给杰德一个具体的时间点。我在怀第三个孩子时，告诉他的两个哥哥说，宝宝要等到春天才会出生，那时已经花开叶茂了，他们一下子就明白了。孩子对于时间缺乏概念，因此需要用具体的生活架构做参考，比如冬天来临、气候变冷时该做什么，圣诞节时该做什么，学期结束时又该做什么。

孩子在等待宝宝出生的时候，乃至一直到宝宝诞生之后，通常都会出现倒退，或是一些孩子气的行为。有些已经四五岁的孩子还会变得哭哭啼啼，想被人抱、被人摇，甚至还想玩一些婴儿游戏。这个时候，父母千万不要发怒或者置之不理，而是应该迁就孩子的这些要求，安慰并提醒孩子："你一直都是父母的小宝贝，即便我们家里多了这个小宝宝，你也还是父母的小宝贝，父母也一直还是你的父母。"

而就亲子关系来说，小宝宝一旦出生，即便已经 5 岁的孩子也会因新生儿的出现而产生很多说不清、道不明的情感，他们还会对爸爸妈妈既爱又恨，甚至还会攻击他们。孩子虽然也会手足情深，然而他们在表达这种手足之情的时候，可能会既凶猛又暴烈，我们不能总是用那些看起来美好的条条框框去要求孩子，同时忽视孩子心中的困扰和不知所措。要知道，孩子现在正与"他人"分享自己的父母，他们自然会感到嫉妒，更何况新生儿注定会分享孩子也在渴求的关注和呵护。因此，父母应该不断向孩子保证，不管这个家里会新添多少兄弟姐妹，父母都依然爱他们，依然照顾他们，其心底也永远不会失去他们的位置。

和孩子一起迎接新生命，我们可以这么做

生产前的准备

在快到预产期的时候，父母就可以对孩子解释，有个新的小宝宝很快就要出生了。这么做，是为了让孩子对即将发生的事有基本的认知，但无须太多细节，过多的信息会压垮孩子，只需要简单明了地告诉孩子："这次就像你出生时一样，父母会去医院，会有医生或助产士来帮助小宝宝出生。然后，父母很快就会带着新宝宝回家，我们都是一家人。"这时候，孩子多少会对宝宝的出生感到兴奋，但他们更加关心的则只有一件事——自己将来的待遇和地位。孩子急于想确认：自己会有人照顾，会没事，而父母依然还是自己的父母。

我通常会建议父母在医院的床头柜上放上孩子的照片，这样等孩子来医院探视新生儿的时候，会发现自己的照片也在这里，这会让他们很高兴，又很踏实。记得当初 2 岁的大儿子来医院探视新宝宝的时候，我把婴儿床旁他的照片指给他看："刚出生的弟弟正看着你呢，他很想认识你。"就让孩子觉得，自己是中心，就好像新宝宝是为了他才来到这里似的。在家休息的那几周里，我一直

这样告诉 2 岁的大儿子："快看！宝宝在看着你呢，他在冲你笑，他想知道哥哥在哪里……"这样宝宝才会得到哥哥的祝福，而且这也让后者有了参与感，觉得自己很重要。很多父母会替新生儿准备好一份礼物，送给他的哥哥或姐姐，我大儿子床上多年来都放着那只毛绒猴子，他管这只猴子叫"猴宝宝"，因为这是新出生的宝宝在医院里"送"给他的。

预见到孩子的不高兴

没错，添新丁确实让人兴奋，但在幼儿期的孩子看来，事情根本就不像所有人宣称的那样："你现在当姐姐了，这多棒呀？！小宝宝多好呀。"孩子通常会觉得："这有什么棒的？这一点都不好玩。妈妈要陪着小宝宝，他还老哭，大家都累坏了。小宝宝又不会做游戏，真没意思！"

作为父母，我们不能强求孩子高兴，而是要预见到孩子心中的消极情绪。孩子可能会大发脾气，会大声尖叫，而最有可能的是，孩子会出现某种程度的退步。如果这个时候他们正在学习如何如厕，那么可能会意外频发，或干脆退步成继续用纸尿裤。孩子可能会频繁夜醒，尽管他以前从不这样。孩子可能还想挤进婴儿床，还想玩婴儿的玩具，或者还想像婴儿一样被人抱、被人摇。和以前相比，这时孩子的占有欲变强了，一边不停地抢夺霸占玩具，一边大喊："这是我的！"

在我们中心，我经常看到有孩子会在加餐时拿很多饼干，多到他们只能用双臂把饼干紧紧搂在胸前，而几乎无一例外，这些孩子的家里都有个新生儿。

为什么会这样呢？因为他们感觉新的家庭成员侵犯到自己了，抢走了自己的很多东西，他们感到一定要把想要的都紧紧抓在手里，尽可能的多抓一些。

孩子最需要安心和踏实，需要知道自己即使退回到小宝宝，也没有问题。父母要做的，便是满足他们这样的需要，这样孩子就会有被人照顾的感觉，就更能表现出那个独立能干的自己。父母还可以和孩子玩一些亲子游戏："菲奥纳，小宝宝在找奶瓶呢，看，小宝宝的奶瓶在这儿！""等一下！小宝宝是不能吃比萨和冰激凌的，你能吃比萨和冰激凌，因为你是 4 岁的菲奥纳！不过，你还是我的小宝贝！"孩子需要父母让他们知道：自己能自如地选择当大孩子或小宝宝，且不用因此感到羞辱。

如果父母疏导得当，会发现，幼儿期的孩子是很喜欢帮忙的，即使才 2 岁的孩子，也能和父母一起参与育儿。比如父母可以让孩子去拿纸尿裤或者口水巾，同时用孩子听得到的声音告诉小宝宝，现在是他的哥哥姐姐在帮着照顾他，这会给孩子带来参与感——"这事我也有份儿！"还会让孩子倍感自己的强大，所有这些，都保障了孩子的茁壮成长。

作为父母，应该怎么分配自己有限的时间，去平衡孩子们的不同需求呢？比如父母要给婴儿喂奶、要哄婴儿入睡时，应该怎么安抚同样等待着自己的孩子呢？这时父母应该提醒孩子，自己只要一做完现在手里的这些事，就能和他一起玩了。此外，父母还可以找一些和孩子独处的时间，给孩子读上一本故事书，或者是在开车送孩子上学和睡前，保证陪伴孩子的常规时间。亲子独处的时候，父母要强调只有孩子在独享这段时光："现在只剩下妈妈（爸爸）和大卫了，这里没有小宝宝。"孩子会更加享受这些亲子独处时光。

在我们中心，如果来园的孩子家里正好有新生儿或小婴儿，我们会特意提醒他们："这里没有小宝宝，小宝宝都必须待在家里，只有你这么大的孩子，才能上幼儿园呢！"这通常能让孩子笑逐颜开，他们很高兴这里没有那些小宝宝，只有自己。再后来，等到父母带着小宝宝来接他们回家时，他们通常会跑过去抱抱小家伙，很高兴一家人能在暂别后重逢。

接纳孩子的无聊感

很多人总会对孩子说："有个小弟弟、小妹妹多好啊，可以和你一起玩。"而事实上，孩子才不这么觉得呢，新宝宝对于他们来说，无聊通常多于有趣。

新生儿一出场虽然轰轰烈烈，但热闹一阵过后，孩子会发现这个能吃、能拉、能哭、能睡的小家伙除了偷走了本该属于自己的注意力外，却根本不能和自己一起玩！这太没意思了！

父母要体察孩子的这些情绪，而不是假装没看到，或是任凭孩子自己去面对。事实上，父母越能承认这些负面情绪和消极情绪的存在，孩子也就越会流露手足情深——尽管这需要一定的时间。我曾经故意对我的大儿子抱怨新宝宝，我对他说："天哪，真是不敢相信！小宝宝又哭了！""我又得替他换纸尿裤了！真是没完没了地换纸尿裤！"而儿子的表情就像在说："哦，小宝宝当然这样！我觉得小宝宝可真无聊！"父母要了解孩子的所思所感，要理解孩子会有时喜欢、有时不喜欢小宝宝。而关键就在于，我们要表现出自己的通情达理，要记住，孩子无论什么时候，最需要的都是理解，一旦孩子觉得自己受到理解后，他们就会放松下来，就能释放出与生俱来的手足之情——即便他们还不能一直保持这样的表现。

这就是过渡！孩子以前的生活是美好的，那时有父母全心全意的陪伴，而现在，他要放弃以前拥有的东西，他要让步于新宝宝的需要，他还要每天花很长时间等待着父母，孩子在等待中感受着无聊，在过渡中体会着失去。

我们要允许孩子不热衷于和新宝宝互动，要允许孩子觉得这一切没有意思，只有先允许他们这么想，他们才可能在放松中发现另一种可能性——其实，有时候新宝宝也还是有些意思的。

理解孩子的攻击性

孩子会喜欢新宝宝，疼爱弟弟妹妹，会和兄弟手足共同成长，且那种同胞之情无可替代，也没有人能分享这样的经历和记忆。但尽管如此，孩子还是会忍不住因为新宝宝而生气！

事实上，孩子会恨弟弟妹妹，尽管这听起来有点刺耳，但现实就是这样。孩子的生活以前很美好，现在却多了"其他人"，孩子自然会因此而焦虑，尽管是看起来没什么表现的孩子，其实内心也会产生焦虑。

孩子和新宝宝会有一段蜜月期，但当他们意识到这个小家伙会永远在自己生活中存在时，情况就变了。有些父母发现，自己的孩子在抱着新宝宝时，会使劲挤压对方，就像要绑架并拖走对方似的，这恰恰表现出了孩子心中爱恨交织的情绪。

屡见不鲜的，还有孩子突然迸发出来的攻击性。他们对别人变得又推、又打、又咬，其实，这只是孩子为了发泄因新宝宝而导致的复杂情感，他们不是不爱自己的弟弟妹妹，只因同时也很生气，所以必须得干点什么发泄一下。在很长一段时间内，这种攻击性会一直存在。

有位妈妈打电话告诉我，自己的大儿子非常喜欢刚出生的小弟弟，他会抱着弟弟说："哦，小宝宝，我爱你。"但一到游乐场，他有时就会咬其他孩子，可以前他从不这样，从未有过主动攻击别人的情形。还有位爸爸这样告诉我："我女儿以前真的很好、很安静，但现在我确实害怕带她到任何地方。她咬人，既咬父母也咬妹妹，而且一不小心，她真能咬伤人。"还有位妈妈这样问我："现在小宝宝六个月了，但大的那个，却突然开始经常打我，这到底是怎么回事？！"

孩子的攻击性，确实会让父母担惊受怕，但是对于幼儿期的孩子来说，这些都属于正常现象。上面这三个孩子，都是健康可爱的孩子，但是，他们在适应新宝宝的过程中都受到了困扰，都产生了让自己难以理解的情绪。而父母，一定要承认孩子的这些情绪，引导孩子能正确地发泄出这些情绪："你可以生宝宝的气，但我不允许你伤害她，你可以转去打那个玩偶或枕头。"如果父母能理解孩子的攻击性，孩子的攻击性反而会减弱，因为孩子会感到自己是被包容的，他们会感到自己的情绪获得了尊重，而且并不孤独。

迈向校园的一小步，孩子成长的一大步

上幼儿园，是孩子要面对的又一个大型过渡。

不管是第一次背起背包上幼儿园，还是假期后返校继续上幼儿园，或是换学校后重新上幼儿园，对孩子来说，都是大事件。过去相当长的一段时间里，孩子习惯了舒适的家，习惯了旧学校的常规，习惯了上个学年用过的教室，现在，他们则要重新开始。在这个过渡中，孩子会学会很多东西。

当孩子踏入校园时，便开始了一场全新的挑战——新的环境，新的游戏规则，还有那么多陌生人会成为自己的老师和小朋友。在这里，一切都是未知的，而这些未知都让孩子感到焦虑。即便是像"我的外套应该挂哪儿？"这样的简单问题，也会令孩子担心不已，就更不要说"要是我想父母了，谁能安慰我呢？"这样更加重大的问题了。

我们不能指望孩子自己就学会了和陌生的一切融为一体，想想我们自己的经历吧，大家还记得刚工作时的状态吗？尽管我们已经是个成年人了，但是依然会焦虑去哪里吃午饭、洗手间在哪里，等等，当这些焦虑放在幼儿期的孩子身上，则更会被放大 N 多倍。

孩子要和不认识的成年人打交道，要认识新的小朋友，还要学习一套关于学习和游戏的规矩，这会让孩子有严重的不安定感，至少在他们完全适应了这些过渡前，这种不安定感会一直都在。

绝大多数孩子在进入幼儿园时，都会经历一段过渡期，幼儿园设立过渡期，就是为了让孩子能够渐渐接受过渡。在此期间，孩子慢慢熟悉教室和教师，熟悉各种教学用具和所需要遵守的规矩，最重要的是，这段时间能让孩子信任除了父母外其他人的照顾，从而在离开父母时，仍保有安全感。

在上幼儿园这个问题上，孩子的反应也是因人而异。有些孩子就像以前上过幼儿园一样，他们积极投身于新学校，什么都想试一试；另一些孩子则充满警觉和踌躇，他们觉得最好有父母陪着自己一起去才安心；此外还有些孩子第一天兴奋地冲进了学校、急切地想尝试那些新活动，但却会在几周以后才开始爆发情绪。

父母要记住的是，无论自己孩子的表现是哪一种，都不要焦急，更不要和别的孩子去比较。孩子迈向学校的一小步，是他们成长过程中的一大步。上幼儿园时，无论孩子怎样表现都没问题，要允许孩子的节奏各不相同，也要给孩子充足的时间，相信自己的孩子，终究可以征服那些过渡。

除了要淡然面对孩子的各种反应外，父母在孩子上幼儿园前，也应提前做好准备，但切勿小题大做。有时，过于兴奋的父母想马上就告诉孩子即将上幼儿园的事，他们可能早在 4 月就对两三岁的幼儿说："9 月份，你就要去上幼儿园啦！"9月？对孩子来说，那简直是下辈子的事！父母应该在开学前一两周，再告诉孩子他们即将开始上幼儿园。

此外，父母还要做一些入园前的准备，比如可以带孩子开车故意路过幼儿园，也可以和孩子一起去趟幼儿园的游乐场，这样孩子就能看到具体的学校。在孩子刚入园的头几天，父母要向孩子保证自己会送他过去，并陪他一会儿。就像前面说过的，孩子最想知道的是自己的父母确实会回来。因此，在孩子刚入园的那些日子里，父母应该在分别的时候，让孩子知道什么时候能重逢。鉴于孩子没有时间概念，所以父母可以用具体的事件来表达，比如："音乐时间一结束，我就回来接你。"又比如："今天爸爸先来接你，然后我们一起去吃晚饭"。

如果孩子并非第一次入园，而是要在假期后重返学校，那么父母要时不时提醒孩子关于幼儿园的信息，比如说一些孩子认识的老师的姓名，列举一些孩子上幼儿园时可能会做的活动，比如搭积木、唱歌，甚至邀请老师过来家访。

上幼儿园是很能引发孩子分离焦虑的事情，因为孩子需要待在一个没有父母的新地方。但等到孩子征服上幼儿园过渡后，他们就会感觉自己很棒，这是孩子向独立迈出的一大步，也是父母帮助孩子跨越的一大障碍。

然而，没有什么事情会是一帆风顺的，父母也需要做好思想准备，幼儿期的孩子会因为分离焦虑而导致行为上的异于往常。有些父母就发现，当孩子克服了对学校的恐惧后，在家里的表现却开始退步，比如更加爱发牢骚，更加爱乱提要求，更加黏人缠人，更容易哭，开始睡不好觉等。所有这些退步都在说明，尽管孩子上幼儿园已经有好几个月了，但他仍在竭力地控制分离焦虑。

幼儿期的孩子，还不能轻松跨越过渡，还不能"兵来将挡，水来土掩"。他们尽管有时会表现出超乎父母想象的能力，但在面对过渡时，依然需要父母的帮忙。父母需要守护在孩子身边，看到孩子在适应改变的过程中的种种情绪，理解他们大脑尚在发育的现实，并给予他们充分的支持和耐心。

没有哪个幼儿期的孩子在面对过渡时，能做得那么尽善尽美，我们不苛求孩子，因为我们也同样明白那种处于过渡中的滋味。我们守护孩子，但更要提醒孩子：即使这些过渡会让孩子觉得有些麻烦，有些无措，但没关系，他们并不孤独。

就像幼儿期的多数挑战一样，父母帮助孩子学会更轻松地控制过渡，对他们的未来具有重要的意义，这决定了孩子将来征服改变的方式，也保障了孩子能具有灵活性。父母要帮助孩子逐渐信任自身有征服过渡的能力，无论那过渡有多艰难，只有这样，孩子才能由内而外地建立起自信："那很难，不过我能做到！"

这就是过渡，这就是变化，这就是适应，这就是进步，这就是独立，这，就是长大。

PART 8

学会与这个世界愉快地相处

How toddlers thrive

孩子通过游戏了解世界

"快上船，"乔丹娜喊道，"有紧急情况，我们必须快点！"

迈克尔和雷纳跳上了木制的手摇船。

"我是医生，我带着注射器。"雷纳说。

"我带药了。"迈克尔接道。

"我不喜欢药，太难吃了。"乔丹娜加了一句。

"但药能治病。"雷纳医生告诉她。

这群 4 岁幼儿在船上摇来晃去，直到有个孩子说已经到岸边了。

可迈克尔喊道："还没到！"于是他们商量一番，一致同意还要继续划船。过了一会儿，他们终于到了。

"生病的狗在那儿！"乔丹娜一边喊，一边指着地上的一只毛绒玩偶。

三个孩子忙不迭地爬出小船，急匆匆地赶到那只需要他们照顾的小狗旁。"我们要给它搭一张担架床。"乔丹娜提议道。于是她拿出各种方形积木，递给身旁的两个帮手。

"我能帮忙吗？"尼娅问。她也加入了这场游戏。

"好，我们正要找人帮忙。"小伙伴们答道。积木老是搭不稳，后来他们才终于搞清楚如何稳稳地搭出担架床，那只毛绒玩偶被小心翼翼地放到床上休息。

这热热闹闹的一幕，是不是似曾相识？正在游戏的这些孩子完全融入了周围的环境，自得其乐地运用着各种环境元素，模仿着成人在日常生活中的沟通交流，表演着不同的情景，学习着如何"全靠自己"解决问题。上面这些 4 岁孩子们已经学会了如何一起玩耍，如何分配角色，如何相互协作，而两三岁的孩子还不能应付这样复杂的角色扮演游戏，他们仍处于这类游戏的初始阶段。

尽管在成年人的眼中，这样的游戏有些好笑，但是孩子们却总是做得一丝不苟，全情投入。在我们的概念里，游戏都是假的，可对幼儿期的孩子们来看，游戏是他们体验世界的重要方式，他们在游戏中学习，在游戏中获得重要的掌控感。事实上，最新的大脑研究和认知研究均认为，正是学习刺激着孩子的发展，而孩子的绝大多数学习都源自于游戏。

理解游戏对于孩子的重要性，不仅能帮助父母深入孩子的世界，还能让父母真正明白，自己应该怎样去看待育儿这件事。

这是个育儿理论满天飞的时代，而且过度教育已经成了一种趋势，父母难免受到影响，忍不住让孩子投入到那些看起来更像是学习的事情中去。比如学弹钢琴或小提琴，学跳芭蕾舞或体操，再比如送孩子上外语课、教孩子认字识数等，好像一直这么做下去，就能让孩子搭上名牌大学的直通车一样。甚至那些还未上小学的孩子们也难逃此劫！今天在很多地方，各种号称有益于孩子发展的宣传铺天盖地，迫使父母不得不扼杀幼儿的童年，为他们换得一个所谓的成功未来。

每个父母都不想自己的孩子输在起跑线上，于是将不停地学习各门课程，作为领先别人一步的绝招。但事实上，我们并没有发现，自己做的很多事，根本都是多此一举。

孩子的天性其实就是学习，他们天生就对周围世界的事物充满了好奇心、求知欲和兴奋感，天生就有一种通过自身探索而学习的动力。那些规矩多多的教学课，不但没法让孩子提起兴趣，反而扼制了他们的学习天性。其实，想让孩子有一颗好学的心，何必一张排布紧密的课程表，只要我们启发孩子的好奇心，孩子自己就能去学习，而游戏，无疑是最能引发孩子好奇心的一种方式。

游戏中的孩子，正学着自己理解这个世界。孩子在游戏中学习如何做事，如何沟通，如何解决问题，游戏教会了孩子了解自身、了解他人、了解规律、了解事情的原因和结果之间的关系，理解万事万物的聚散离合。游戏增强了孩子的参与感，让他们觉得自己能影响周围的环境，能让很多事情发生或改变。而参与感直接影响着自信心，而这两者又直接关系孩子面对未来最重要的素质——自我调节能力。

我常常看见一些孩子喜欢收集玩具，尽管成人一般觉得，孩子这样做只是在积累玩具，只是数量的增加而已。事实上，孩子对于玩具的收集并非那么简单，在此过程中他会认为："我想要什么，就都拿过来，这些都是我的。"收集让孩子有安全感，有控制感，孩子清楚自己需要什么，也明白如何得到它，于是信心得以树立。孩子是以自我为中心的，他只有在达到自己想要的成果之后，才会开始观察他人的需要。

同时，收集玩具也能让孩子分辨出什么是自己喜欢的，什么又是不喜欢的。有的孩子收集小汽车，有的则收集乐高积木，有的收集芭比娃娃，而有些孩子的收集则更为特殊，比如收集家用清洗剂的空瓶子。但不管孩子收集什么，这都是孩子的特质之一。

我儿子每天上幼儿园时，都会随身带一个不一样的玩具动物，几乎天天如此。到了 4 岁，他对鲸鱼发生了兴趣；10 岁时，他依然迷恋鲸鱼，不过这时开始读书研究鲸鱼，还梦想着成为海洋生物学家。而联想起他幼儿园时期对于动物玩具的痴迷，我发现，孩子的兴趣爱好其实早就初现端倪。

孩子在游戏中获得的学习经验是多样的。两岁半的奥利维亚正在驾驶一辆玩具卡车，她坚称自己正在上班。她小心翼翼、非常专注地把卡车上的积木码成一摞，但堆好的积木倒了，她只好重新开始，一边堆一边说着："这一块能用，但这一块不能用。""我不喜欢蓝色的，我只喜欢红色的。""我现在很忙，非常非常忙。"

在成年人看来，奥利维亚"就知道玩"，但游戏却让她有机会搞清楚了很多事。首先她学习着怎样才能垒好积木，整齐地垒好积木需要用到空间概念和数学概念；然后她学习增强自己解决问题的能力和抗挫力；并且，奥利维亚弄清楚了自己喜欢什么、不喜欢什么；同时，她还因自己能像身边的成人一样"上班工作"而倍感自己的强大。这种感觉多好呀！况且，奥利维亚还在练习遣词造句，正在辨识指认颜色，正在模仿她在成人世界里观察到的东西。

仅仅这一个游戏情景，就让奥利维亚学习了这么多东西。

那么，既然游戏如此重要，为什么很多人还习惯性认为游戏会妨碍学习及工作，并因此产生游戏无用论呢？原因依然在于——他们没有转换视角，没有从成年人的判断转化到孩子的视线。

人们常常轻视游戏，觉得"那只是小孩子的消遣"、"他就知道玩"，认为游戏是无足轻重的，算不上什么正经事。相反，很多人愿意孩子只是乖乖听话描写字母，或者在活页纸上玩识图对对碰，认为这种事情才有意义。但是，这是成人的游戏观，它反映了我们对于孩子世界的误解，反映了我们对于孩子学习本性的误解。视角的偏差，必然会造成观点的偏颇。想想看，那些学习班的广告都是做给父母的，当然会说一些父母爱听的话，让父母觉得物有所值，这是一场大人与大人的对话，看起来事情的主角是孩子，实际上，却与孩子根本无关。

在孩子看来，学习与游戏之间没有任何区别，学习就是游戏，游戏等于学习。除非他们玩了一天而感到疲惫、想要睡觉了，否则只要醒着，就会从早到晚一心想着："我要玩什么？"我喜欢把孩子看成科学家，幼儿期的生活就是不断探索，他们每一天都在试验、发现周围的一切，自得其乐地去看、去听、去闻，甚至去触碰、去品尝。孩子运用四肢五官来探究任何能引发自己好奇心的东西，根本无须我们教导，他们自己就知道怎么玩，就像呼吸那么自然。

孩子的好奇心永远没有止境，父母即便费尽周章，也很难阻止孩子去触碰、去探索、去发现，因为我们无法改变孩子的天性，更无法否认一点：孩子的身体、大脑、思想乃至精神，都是在游戏中成长和发展的。最新的神经学研究成果，也证实了这种游戏观：孩子们自主探究的游戏方式，是发展关键人生技能的基础，包括解决问题的能力、规划力、灵活调度力、创造力、持久力及情绪控制力。所有这些技能，均直接产生于孩子参与各种开放性游戏的过程中，而这些技能也是孩子实现成功人生的基石。

　　然而，在这个所有人都在拼命要炮制出"完美小孩"的年代，父母和老师总是痴迷于逼迫孩子偏离最合适的发展轨道，有些父母对此也有些犹豫，但是却也迫于形势不得不让孩子投身所谓的"真正的学习"中。想要改变这样的畸形状况，父母就先要了解，什么是游戏，我们又该如何运用游戏。

孩子的游戏，总与我们想的不一样

尽管对于游戏，目前尚没有统一的定义，但孩子的游戏方式，确实存在一些公认的特征。

第一，正在游戏的孩子会自得其乐。他们看起来高兴、放松、平和，甚至有时会非常兴奋。心理学家把这种积极的心态，称作情绪指数中的积极反应。

第二，正在游戏的孩子会有参与感。他们专注、投入且不会轻易放弃正在做的事，无须任何奖励、教导或施压，就会自然投身于各种游戏活动。也就是说，孩子是因单纯的游戏乐趣，而想去游戏。孩子并不是为了追求享乐而去游戏，相反，孩子是因为自己能够主动参与而倍感愉悦，这为他们未来的学习所需的专注力、持久力奠定了稳定的基础。

第三，孩子的游戏动力是先天的、内在的。这可能是游戏最广为认可的特征，也是孩子会参与游戏、享受游戏的核心原因。孩子对于游戏的天生热爱源自不同的因素，比如新鲜感，比如获得用新视角来看待事情的经历，比如通过重复，熟练掌握已知的事物。父母要做的，就是保证安全的游戏环境，并在游戏中提供孩子所需的支持或帮助。

第四，正在游戏的孩子不会因他人的规则而感到约束。正因为孩子的思维不同于成年人，所以孩子的游戏世界在很多方面都不同于成人的世界，在这里，一切都有可能。孩子在游戏中，发挥着创造力、想象力和创新能力，而这些能力，就连现在的很多年轻人都很欠缺。观察正在游戏的孩子就会发现，他们会制定规则、协商、改变规则、再协商，比如拿着球的米莉不肯把球扔回去，拉森在喊："你必须得扔球，游戏规则就是这样，快扔过来！"而米莉的回答是："是你先站着拿球的，现在轮到我拿球。球在我手里，所以由我决定什么时候该扔回去。""好吧，"拉森让步了，"等我再拿球时，我也要多等会儿再扔。"再比如，瑞娅现在是游戏里的妈妈："你不能拿走所有积木，只有妈妈才能拿走所有积木。"而阿依莎则会反驳道："我是小宝宝，小宝宝也可以拿走所有积木。"

但是，不受外界规则约束并不意味着完全无视规则。孩子会设定自己的规则，会分派角色和关系，会规定如何加入游戏、如何发展情节，还会约定可允许的行为。所有参与游戏的孩子会共同商量，并一致认可这些默许的规则。比如：

现在是收拾玩具的时间，送比萨的女孩出现了。"谁订的意大利辣香肠比萨？"特谢拉喊道。她正在往架子那里搬积木。

"是我订的。"阿肖克一边答应，一边接过特谢拉送来的积木并把它放到架子上。阿肖克今天负责码放积木，他要按照尺寸把这些木制"比萨"码放整齐。

很快，其他的孩子也开始送比萨了。教室里的吆喝声此起彼伏，积木也一块块地送到阿肖克手里。

"谁订的奶酪比萨？"

"这里又订了份比萨！"

……

可以看到，孩子已经为角色扮演游戏分派了角色、建立了框架。通过这个游戏，孩子们一方面成功地收拾了玩具，另一方面，还保障了孩子的参与感和游戏的持续性。正在游戏的孩子除了学习新词汇之外，还学习了如何进行团队协作。

第五，最后，正在游戏的孩子会关注游戏活动的过程或表现，但并不关注游戏活动的目标或结果。这也正是游戏与工作的区别所在。正在工作的大人即使喜欢工作过程，也仍然会在关注过程的同时，受到结果的驱使，比如取得薪酬、获得奖励、达成既定目标等。这一特征，在一定程度上区分了游戏与工作，正在游戏的孩子完全将游戏本身等同于过程，在他们眼中，这两者之间毫无区别。

这就是孩子们的游戏世界，而从某种意义上说，这也就是孩子们学习的过程。孩子的游戏，与我们想象的通常并不相同，尽管我们有时无法设身处地参与其中，但不妨做一个包容的旁观者，并时刻准备好给予孩子支持和帮助，让他们在游戏中学习，在学习中成长。

在这期间，我们最需要做的，就是为孩子提供一个良好的游戏环境，让孩子可以在安全舒适中享受游戏带来的各种益处。

孩子的游戏空间应该布置得让孩子愉悦，可供选择的玩具应该适合幼儿期孩子的发展，材料的选择应该有利于游戏的开展（比如选择沙、水、颜料、装扮道具等作为游戏材料）。

记住，孩子游戏时，并不需要很多玩具或材料。事实上，较少的材料往往更有利于游戏，因为孩子一方面能发掘现有材料的更多玩法，另一方面，也不会因太多选择而不知所措或分散注意力。

说到这里，请大家看看自己的家里，玩具是不是太多了？我经常建议父母收起家里一半的玩具，然后他们会惊讶地发现，孩子的专注力和兴趣竟然都大幅提升了！

孩子是天生的探险家。他们想触碰、品尝、嗅闻、聆听、投掷，甚至偶尔吞咽各种东西，以获得相关信息。正在探险的孩子喜欢发问："这是什么？它有什么用？我能用它干什么？"父母可以顺其自然地引导孩子进行游戏，支持他们，但注意不要侵犯他们的自由。比如听到玩火车游戏的孩子说："火车就要到奶奶家了。"父母可以搭话："是吗？那它到了之后，又要干什么呢？"又比如孩子用手抓泥捏泥时，父母也可以问他："那是什么感觉呀？"这能吸引孩子深入感知，并因此拓展自己的经验。亲子互动时，我们要支持孩子，要顺其自然，这样孩子才会觉得：自己在这个地方，能自由自在地探索事物，能获得安全感和成就感。

游戏，是一场综合的能力提升

游戏可以具体给孩子带来什么？这恐怕是很多父母都关心的一个问题，尽管前面我们已经说过，游戏等同于学习，但对于习惯以结果作为导向的成年人来说，这种解释太过抽象了，我们难免功利地想搞清楚，游戏到底可以培养出孩子哪些好的特质。

下面这些，就是游戏可以带给孩子的各种提升，但这也只是游戏各种益处的一部分而已，因为孩子的情况不同，可激发出来的能力也不尽相同，更多的则需要父母们自己去挖掘、去发现。

在游戏中，孩子开始相信自己

游戏中的孩子正学着了解自己和周围的事物，不断丰富着自己的见识和经验。孩子在游戏世界中更加随心所欲，他们自己控制自己的世界，并因此收获成就感。

孩子往往在利用游戏"弄明白一些事"，他们发现问题，并且自己想办法去解决，孩子因此变得更好奇、更兴奋地试验各种事物，同时也更确信自己只要坚持尝试，就一定能获得成功。当孩子拼上 5 块拼图的最后一块时，当孩子用最后一块积木平衡了原本不平稳的高塔时，当孩子通过协调，使得原本只能坐两个人的手摇船，最终挤进了三个人时，所有这些，都让孩子们感觉良好，变得更有底气，更加积极自信。

　　游戏还允许孩子进行自我发现，比如孩子在游戏中会发现自己喜欢什么，不喜欢什么，哪些事情难做，哪些事情容易做，哪些事情令人高兴，哪些事情令人沮丧。所有这些，都让孩子更加了解自己，更加相信自己。

在游戏中，孩子变得更具善意

　　孩子往往是通过游戏学会了交际，而人际交往中最重要的一点，就是学会理解别人。一天，3 岁的朱莉因妈妈离开自己而哭泣，老师向哭倒在脚边的孩子保证："没关系，难过的时候你可以哭，而且爸爸妈妈肯定会回来。"

　　坐在附近椅子上玩耍的 2 岁的哈利关注着这一幕，随后，他蹭下了椅子，慢慢靠近朱莉，还递给她一只自己正在玩的泰迪熊。哈利重复了老师的好言相劝："妈妈很快就回来了，咱们一起玩这只熊吧。"哈利送给朱莉那只可以让自己安心的玩具熊，这意味着他理解对方正处于不安的状态中，并且愿意主动帮助对方。

在游戏中，孩子更能表达自己

游戏还能培养孩子的语言能力。孩子们大多喜欢玩角色扮演游戏，而角色扮演游戏中孩子能分派角色、建立规矩，还让孩子能充分互动，彼此对话交流，从而促进自己的语言能力。

语言能力的发展，有时需要父母的支持，比如我们可以在孩子游戏的时候对他说："我发现你是不是在给娃娃洗澡呀？""你这幅画真大真蓝呀！"成人的评述，丰富了孩子的语言环境，在孩子心中自然强化了各种概念，比如大小、多少、上下、颜色、形状等概念。

在游戏中，孩子学会控制情绪

游戏可以弥补孩子心中对于真实生活的焦虑，增强孩子的安全感和控制感，孩子游戏时，可以将一切场景设置为自己喜欢的样子，制定出自己喜欢的规矩，这样，孩子在面对现实生活中的相同场景时，比如医院、学校，才不会那么恐惧。

孩子还能通过假装征服一些充满情绪挑战的场景，来获得积极的情绪：

"蹦！蹦！"头埋在胳膊里的贾马尔一蹦一跳地进了教室，"跳跳蛙来啦！"

上一周，一脸凶相的贾马尔缓慢地踱进了教室："啊呜！大老虎来上幼儿园了。"

还有一次，披着斗篷的贾马尔宣称："小超人来上幼儿园啦！"

这些角色扮演的游戏，使得贾马尔感觉自己能成为某种更强大、更勇敢的生物，使他暂时忘掉了那个害怕离开妈妈的胆小男孩，得以自信满满地走进教室。如果贾马尔的这些情绪要求得到了支持，那么这些青蛙、老虎或超人很快就会消失，只会剩下真正的贾马尔来上幼儿园，因为此时，他已经做好准备了！游戏让贾马尔有时间和空间，按照自己的节奏来学着控制那些难过的情绪。

父母在孩子进行游戏时，可以多进行一些情绪上的描述，让孩子更好地理解情绪："听见了吗？那只老虎真生气了！""你为什么觉得怪兽很伤心？"我们中心有个 3 岁的小女孩，每天跟妈妈道别时都很难过，有一天，在妈妈送她入园后她拿起了一个玩偶，然后看着手上的玩偶说："他很高兴，非常非常高兴。"然后马上又说："现在他很伤心，非常非常伤心。"她一遍又一遍地重复这两种说法，她用这种方式表明自己既期待着离开妈妈（因独立而高兴），又不愿意离开妈妈（因分离而伤心）。老师对此是这样回应的："因为他想妈妈了，所以他很伤心，不过他妈妈仍然会回来的。"孩子由此得到了这样的信息："有这些情感，表达这些情感，都是安全的。"

那么，情绪对学习有什么用呢？毫不夸张地说，孩子只要能控制情绪，就几乎能做到所有事情，比如坚持不懈、承担风险、接受新挑战、应对挫折、专注很长时间等。如果遇事不放弃，比如面对拼图拼不上、积木搭不好的情况时，孩子不放弃解决问题，不放弃寻找答案，那么就意味着他终究会征服那些艰难的挫折。正是游戏中的各种挑战，造就了孩子的情绪控制力。教育科研人员普遍认为，情绪控制能力是学习的必备技能，它高于且突破了人的智商上限；而现在的学生就是太缺乏这种情绪控制力了！虽然有些孩子智商很高，但如果情绪控制力不足，或者一直被消极情绪所掌控，那么将很难收获成功。

对于幼儿期的孩子来说，游戏，是生活中一个极其重要的组成部分。而除了游戏，他们在这一阶段，还会遇到另一个重要的课题，那就是分享。孩子在从婴儿成为幼儿时，才开始涉及"分享"这一概念，对于孩子们来说，这无异于是个重大挑战，但也是让他们得以成长的重要方式。

孩子不分享，并不是自私

　　孩子在与别人相处时，势必要涉及分享问题，从一块饼干，到最喜欢的秋千玩具，孩子总会面临分享与被分享的情形。分享为什么重要？因为人在世界上生存，本质上就是一种分享，我们分享空气，分享水和食物，分享资源，分享信息，我们需要通过分享成长，通过分享生存。

　　学会分享很重要，但对于幼儿期的孩子来说，则很难。

　　我们不要指望 2 岁幼儿就会分享，因为这时的他，还不能完全理解他人的愿望，有时会和自己的愿望相冲突，他们还没做好应付这种情况的准备。孩子只知道当下自己想要什么，而且认为凡是自己想要的就都是"我的"，这种情况等到孩子开始结伴游戏时，会马上有所变化，这时的孩子会越来越想交朋友，越来越对同龄人感兴趣，那时他自然就开始分享了。三四岁的幼儿更善于分享，因为他们更能感知什么是"我的"，但这时的孩子仍然会困惑，仍然会表现出被成人视作"自私"的行为，因为孩子即使明白了分享，他也不会喜欢一直被分享！

其实，并非是孩子真的自私，很多时候他们不愿意分享，是因为幼儿期的孩子还没有时间感，这会让分享成为近乎不可能的任务。孩子在分享之前，必须先得理解什么是"现在归你，待会儿归我"。所以，请不要指望幼儿期孩子的分享是自愿的、真诚的、慷慨的……孩子就是做不到，而且他们理所当然做不到。

他们并不想粗鲁无礼或吝啬小气，但他们就是不能理解这些。如果太早逼着孩子去分享，他们可能会很排斥，会更想要将一切归为己有，会一直自私到很大的年龄。

只不过，即便我们明知道幼儿期的孩子还没有做好分享的准备，但有时却不得不看着他们面对分享，那么这时候，父母应该如何处理呢？对孩子来说，最艰难的分享往往发生在自己的家里，因为这里是孩子的"主场"，这里所有的东西都归孩子所有。但有时候，家里难免会来其他的孩子，这时候，为了避免战争，父母最好先让做东道主的孩子收起他最爱的一件、两件甚或三件玩具。同时，安排的活动要让所有孩子都能参与进来，比如搭积木、玩益智玩具、做美工活动等。如果好几个孩子因为想要一件玩具而发生冲突，请先观察他们能否自行解决，往往即使没有成年人的干预，孩子们也能自行解决。冲突是一起游戏的结果之一，也是孩子需要学着弄明白的事物之一。如果孩子们无法自己化解冲突，父母就必须要转移注意力并改变活动进程了，比如可选择外出或吃点零食。

除了在自己家里外，室外活动也是孩子一个学习分享的重要途径。2 岁孩子最好能在户外或其他公共场所进行结伴游戏，不久，孩子们就会很习惯这样的结伴游戏。3 至 5 岁的孩子更擅长一起游戏，也更善于化解冲突。无论哪个年龄段，结伴游戏的时间都要短，不应超过 2 小时，而且最好一次只约一个玩伴。作为过来人，我可以拍着胸脯对年轻的父母们保证，3 个孩子在一起玩真的太闹腾了！

在结伴游戏时，如果有孩子不高兴、哭哭啼啼或占有欲太强，该怎么办呢？很简单，父母立刻出手，直接中止游戏即可，要记住，不要总想着等等看。孩子少结伴游戏一回没关系，反正下次还有机会。

在育儿过程中，父母不要逼着孩子去分享，比起分享具体的东西，不如先教会孩子去理解他人，这才是带着孩子进行各种社交的意义，我们不要命令孩子将手中的食物分给别的小伙伴一半，而是要让他们学会关心别人。

"尽管我喜欢花生酱和果酱三明治，但苏埃伦并不喜欢。""尽管我讨厌很快地滑滑梯，但马克确实喜欢这样！"对幼儿期的孩子来说，这种对别人的解读，才是更加重要的事情。

父母都希望孩子善良、有同情心，能成为乐于分享的人。然而，分享并不只是简单地拿出东西而已，分享是一种能力，它既需要时间来发展，又需要有社会性基础和情绪基础。因此，父母切忌误入歧途，不管是寄托美好的意愿，还是强加自己的意志，都不要对着孩子反复念叨分享。如果父母总是一意孤行，则会有副作用，强迫孩子分享，这相当于要求孩子放弃当下拥有的东西，孩子会很排斥："什么？你要剥夺我的需求？！"多数成人尚且都不会选择任人掠夺，而被迫分享的孩子，产生的想法其实和我们一样，他会觉得分享就意味着自己的东西被强行抢走了。更糟糕的是，父母坚持让孩子分享时，孩子会对"我"和"我的"这两个概念产生质疑，而物权，则是幼儿期孩子迫切应该搞清楚的问题之一。

也就是说，幼儿期的孩子如果被迫分享，将会导致其在很长时间内都混淆物权的改变，直接导致将来更加不能分享。不要以为我在开玩笑，这是真的！

别逼孩子做他们还不能理解的事

真正的分享，从本质上说是一种利他行为，是一种赠予他人、慷慨大方的意愿。这种行为既要有情绪基础，又要有心智基础。而分享的一个重要前提就是，在包容他人分享之前，先要深深感受自身的需要已经得到满足，并且知道，赠予他人，并不意味着失去了自身的需要。

这些事情，即便是对于成年人来说，有时都无法彻底理解，就更不要说幼儿期的孩子了。孩子永远是活在当下的，永远是以自己为中心的，尤其是幼儿期的孩子们，他们根本不明白一会儿、明天、昨天这些抽象的概念都是怎么一回事。所以，即便跟他们无数次保证"妈妈只是暂时离开，不久后就真的会回来"，他们依然会闹，因为他们根本不知道"不久"是个什么鬼，所以就无法确信妈妈真的会不会再出现。

如果父母对孩子说："要和朋友分享，现在轮到他，待会儿就轮到你了"，那么孩子耳朵里听到的则是："你不能再拥有这个了，现在我强迫你放弃这些，而且我希望你最好能乖乖接受"。孩子会怎么觉得呢？非常糟糕！倍感羞辱！

孩子好不容易有了自己的意愿，却被父母要求放弃。

在引导孩子进行分享时，我们一定不要给孩子羞辱感，而是可以让他们学着从别的小伙伴的角度出发："乔斯也想玩，所以，等你玩好了就告诉我们，乔斯在等着玩呢。"这么说，避免了那些抽象的时间概念，又让孩子了解了其他孩子的心愿，还让孩子知道父母也顾及了自己的感受。

有一天，3 岁的路易斯正在幼儿发展中心玩小卡车。而他的朋友，两岁半的玛丽勒，也喜欢这个玩具，她想要路易斯的小卡车。玛丽勒好几次想拿这辆卡车，但路易斯紧紧抓着卡车喊："我在玩呢！这是我的！"附近的老师走过来说："我知道你在玩，不过玛丽勒好像也想玩。等你玩够了，她再玩。"路易斯安静下来，一边把卡车紧紧抱在胸前，一边轻轻地说："我现在还要玩，我还没有玩够。"老师的回应尊重了他的需要："好的，你想玩多久都行。不过等你玩好了，就让给玛丽勒玩吧，她在等着呢。"后来，路易斯还没玩几分钟，就主动大方地把卡车递给了朋友。为什么？因为孩子觉得自己的需要得到了尊重，他没有在这场对话中感到任何压力，所以他也就有了与人分享的意愿。

此外，父母需要明白的是，幼儿期的孩子还缺少控制冲动的能力。如果他们想要什么东西，尤其是两三岁的时候，他们更喜欢去抢夺。所以，在教孩子分享时，让他们学着耐心等候自己想要的东西，堪称是里程碑一样的成就。

帮助幼儿学会延迟满足感，学会等待，这些都是父母的重要职责，比如我们可以说："我知道你等不及想要那个球，但等他玩好了，就轮到你了。"我们中心的孩子在到园之后，必须先待在教室外面的大厅里等待一会儿，孩子很难等待，他们忍不住咚咚地敲门，还拽门把手。我会给这些孩子念"咒语"："老师正在准备玩具呢，但他们太慢了！真是太难等了！快点呀，老师！我们再坚持一下下，老师很快就来了。"他们真的不再敲门了，而是看着我哈哈大笑，情绪也平静下来。门一打开，他们就冲了进去——终于等到了胜利！我刚刚帮助他们控制了因等待而产生的失望情绪，让他们学着更好地自我控制。只不过，下次他们来上幼儿园时，还得重复这套"咒语"，对孩子来说，只有重复练习，才能学会等待。

我常对父母说：在孩子两岁、三岁或四岁的时候，应该让他觉得自己想要什么就有什么，为此甚至不惜帮助孩子紧紧护住他正在玩的东西或玩具，这样就会让孩子大方起来。很多父母听完后，都会表情怪异，觉得我在开玩笑，这简直太难理解了，而且如果自己那么做的话，会很没面子，会尴尬，但孩子恰恰就是这样学会分享的。慷慨地分享，源自于充满爱的亲子关系，源自于父母不断回应子女的需要。父母帮助孩子直面约束，控制沮丧感，学会延迟满足感，从而才能教会孩子慷慨地分享。

孩子从 2 岁长到 5 岁时，他们也越来越会顾及别人的期望。事实上，充满爱的亲子关系，能让孩子产生想取悦父母的欲望，孩子为了取悦父母，至少会在某些时候尝试满足那些期望，比如分享等。不过，尽管孩子会顾及父母的想法，但是我们仍然不要干涉他们或命令他们，要尊重他们分享的节奏和步骤。

有一天，我带着小儿子去游乐场，随行的还有一位朋友和他的女儿。当时 3 岁的小儿子刚刚学会如何紧紧抓住自己想要的东西。两个小朋友一起走向公园时，我儿子手里拿着两只小桶和两把小铲子，因为我想保证大家都有玩具玩，所以特意准备了两份。这时候，小女孩小声问我儿子："能给我一个玩具吗？"

我儿子的回答是："不行！"他激动地抓紧所有玩具，甚至向前小跑了两步。

过了一会儿，小女孩又在尝试："能给我一只小桶吗？"儿子这回温柔地答道："不行！"

现在我能感到那位父亲的眼睛正盯着我，希望我做点什么，好让他女儿也能拿到玩具。好大的压力呀！我敢说，他也许很快就要让自己的女儿去抢玩具了！然而，我不会说什么"分享"，因为我知道儿子会认为分享就是放弃什么东西。

后来，那个小女孩有点强势地对着我儿子说："快和我分享，现在就和我分享！"

她口中分享的意思就是"交出来"，而我儿子还不想就这样分享，他依然拒绝了。

接着，等我们一到公园，我儿子就回身递给她一只小桶和一把铲子，他按照自己的步调分享，完全由他自己说了算。他们俩一起在沙池里玩，完全不需要大人介入。

第二年上幼儿园时，我们从老师那里得知，小儿子和其他小朋友相处得很好、很得体。很多年后，关于小儿子的反馈一直也是这样。

我认为，小儿子先是学会了如何紧紧抓住自己想要的东西，而这种能力保障了他的慷慨大方。先让孩子有自私的机会，然后他们才会获得无私的能力。

很多父母都曾经问我，一见到孩子紧紧抓着东西而不能大方地与他人分享时，父母难道不尴尬吗？父母确实会尴尬，尤其是还有其他父母瞪着你的时候。不过，与之相反，还有很多父母最常提出的问题则是：他们担心孩子无法紧紧抓住其想要的东西，其他孩子一靠近，他们的孩子就会主动放弃手里的东西。而根据我的追问，我发现那些轻易放弃的孩子，通常都是家中的长子或长女，他们总是被强迫分享，所以根本没有勇气为其想要的东西挺身而出，于是不断地遭到掠夺。比起暂时的尴尬来说，这种无法自我保护的特质则更加糟糕！

家长其实大可不必为自己孩子拒绝分享而尴尬，因为孩子不会永远这样。2 岁的孩子会与小伙伴一起游戏，彼此模仿对方的行为，3 岁左右开始，孩子会对结伴游戏越来越感兴趣，不久之后，孩子就想要结交朋友，想要与同龄人共处，想要赢得他人的好感。这时，分享的动机初现端倪：先是孩子自己决定要分享，后来就逐渐变成越来越利他的分享。

尽管孩子会变得越来越大方、越来越会分享，但分享的过程仍然会有很多波折和例外。一般来说，孩子在自己家里最难实现分享，因为在家里，有很多他自己的东西，就连这个家也是孩子自己的东西。如果有其他孩子到访，做东道主的孩子的领地就受到了侵犯，而被侵犯的感觉，会让他的占有欲更强，同时让他的分享意愿更弱。如果东道主孩子的生活里还发生了其他的大事（比如有了小弟弟或小妹妹，比如有远客来访，比如父母外出了，又比如最近感冒刚好……），那么情况尤为如此。

孩子交往时常会因为分享发生冲突，这时父母要退后一步，要让孩子有机会自行化解冲突。化解冲突，是结伴游戏不可或缺的组成部分，这也是孩子需要学习的技能之一。

不过，要是孩子们的冲突没有解决好，游戏不欢而散，该怎么办呢？确实也会有这种情况，孩子有时候什么都不愿意分享，于是冲突接连不断。

快3岁的莱拉因朋友诺丽要来家游戏而非常兴奋，她挑选出一些要玩的玩偶和装扮玩偶的衣服，还在门边兴奋地等待着朋友的到来。一看到诺丽出现在人行道上，莱拉就手舞足蹈起来。然而，从诺丽进门的那一刻起，不管她靠近什么东西，莱拉都尖叫着："不行！"莱拉紧紧跟在诺丽身后，不断抢下诺丽手上的玩具，莱拉坚称诺丽不能碰自己的毛绒动物、玩具火车还有过家家厨房。莱拉的妈妈又尴尬又失望，建议这两个孩子看看动画片。但即便如此，莱拉还命令诺丽只能坐在特定的地方。

莱拉的妈妈说起这件事时问我："她到底怎么了？"我指出，莱拉因为朋友的到访而兴奋不已，这是正常的，但此后莱拉的表现，确实非常欠缺控制力。我问："她的生活有什么新变化吗？哪怕是细微的变化。"后来我发现，莱拉的生活里确实发生了两件大事。其一是，莱拉刚好从那周开始穿小内裤，而且迄今没发生任何意外。其二是，莱拉的妈妈之前刚刚因公出差过。这些都是过渡，而处在过渡中的孩子，通常都无法很好地控制自己，拒绝分享就是他们失控的表现之一。

如今，美国的很多雇主都在抱怨所见到的大学毕业生能力越来越差，不仅非常欠缺问题的解决能力、沟通能力，而且创造力及组织力也很弱。很多人简单地将其归咎于大学教育，但其实，即使是同一所大学，同一个班，也仍然会出现不少各方面能力卓越的孩子，这是为什么？

答案或许可以追溯到他们的幼儿期。幼儿期是人生极度重要的一段时期，它负责引领孩子踏上热爱学习的道路，从此发展出必备的人生技能，以保障其成功地接受教育，成功地找到自己的生活。

而另一方面，那些拥有幼儿期孩子的父母们，也同样在焦虑着——我的孩子有天分吗？他与众不同吗？他能跟上大家的进度吗？

我经常被父母不停追问："她不怎么说话，其他孩子在这个年龄都非常能说"；"他坐不住"；"她老是摔跤"；"她不想学任何早教课程"；"他整天都在做同样的事，天天如此"。当父母们为了这些问题忧心忡忡时，请牢牢记住两点：每个孩子都有自己的发展模式和发展节奏；尽管所有孩子都在学习，但这并不意味着他们吸收信息及学习知识的方式都一样，也就是说，他们并不会按部就班地成长。

在这个充满压力的年代，父母容易忽视幼儿期真正应该关心的东西，容易忘记幼儿期的孩子应该做什么、可以做什么，容易忘掉其实并不存在一条所谓的学习曲线或发展曲线。事实上，我们的孩子可能擅长某个领域，但同时在另一个领域却表现得很笨拙，这些都是正常的，而且就该如此。

我的大儿子还没到 2 岁就非常能说，但一遇到新环境，就相当沉默寡言。可见，他不善于控制分离焦虑，但却擅长掌握语言。我的二儿子说话比较晚，但胆大的他敢去爬攀爬架，而他哥哥甚至连试都没试过。

　　不要相信那些所谓的正常发展范围，要相信自己的孩子，尊重他们的发展步调，允许他们按照自己的方式，与这个世界愉快地相处。

PART 9

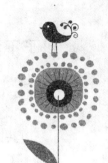

最好的陪伴，是让他们拥有独行的能力

How toddlers thrive

孩子不会真的走上我们期望的道路

养儿育女，看起来有些像是一次无法预知回报的投资。父母投入了自己的时间、精力和爱，投入各种美好的想法和希望，投入焦虑和担心。父母希望孩子能有最好的成长，能长成其应该成为的那个人——尽管长大成人后的孩子，可能全然不同于父母原来的设想。

父母并不确定孩子会长成怎样的大人。也就是说，父母尽管现在寻找着自认为最好的育儿方法，结果要在很久以后才能揭晓。而孩子的整个人生会是什么样子，却已经不是我们能顾及的事情了，在某个阶段，总会有生老病死将我们分离，我们除了遥祝幸福，别无其他事能做。

而在此时，在我们的孩子尚且处在幼儿期的时候，不管父母心中的期望有多么热切，都要记得，育儿的关键永远在于"平衡"二字：一方面，父母要爱孩子、安慰孩子，还要引导孩子、限制孩子和约束孩子；另一方面，父母要允许孩子自行尝试新事物，要允许他们冒险、抉择和探险外在世界，还要允许他们跌倒后再爬起来。

只不过，任何人都无法全年 365 天、全天 24 小时都一直精准拿捏到育儿的平衡点，父母每天都要面对这样的平衡挑战——我们既要树立权威，但又不能控制孩子。

在这个信息多样化的时代，每个父母几乎都接触了大量乃至海量的育儿信息。其中有一大类育儿建议，推崇那种父母居高临下的控制型育儿法。但在我看来，这种育儿方法有很多误导之处，尤其对于育儿这样的长期目标，更是大忌。毕竟，育儿是想把孩子培养成更好的人，让孩子变得独立自主、体贴他人且知道如何面对人生浮沉，能做出好的抉择决断并实现成功人生。而控制型育儿法，却让父母以为，自己不管怎样，都可以仅仅因为父母的身份而控制孩子。实际上，孩子确实指望父母树立权威，需要依赖父母指明出路、提供安慰，需要父母告诉自己别走得太远、不要越界，需要父母帮助自己走到外面的世界。

但是，所有这些，并不意味着父母可以不用考虑孩子的视点及个性，并不是说父母可以强制孩子形成固定的行为方式。实际上，父母常常是试过以后就知道，孩子是很难通过强制来控制其行为的，这样做不仅起不到好作用，还会对孩子的成长发育带来负面影响。

居高临下的控制型育儿法，忽视了孩子的需要，反而重视了父母的需要及期望，而父母想要的，通常无非是闲适宁静，无非是期望孩子别让自己尴尬。请记住，这种忽视孩子个性及需要的育儿法，必定会造成伤害。

幼儿期的孩子正在发展自我意识，如果这时父母没能从孩子的角度去看待问题，将极有可能造成孩子的羞辱感。我总会把这种居高临下的控制型育儿法视作一种猫鼠游戏，即"猫儿刚走开，老鼠就游戏"。也就是说，在重压之下，孩子的表现全看是不是父母在身边，一旦施加控制的人不在身边，孩子便不会好好表现。

我们越是想要控制孩子，越是会挑起和孩子之间的战争。幼儿期的孩子正想要证明自己，而控制只会给予他们压力和打击，这时候，父母和孩子就会陷入一场关于主权的拉锯战，双方都在不停地试探底线。

父母应该做的，是利用这段弥足珍贵的重要时期，帮助孩子发展出与生俱来的控制力，尽管这需要时间、耐心和细心，还要求极具幽默感，但只有这样，才能教会孩子如何控制自身的意愿、情绪和冲动，只有这样，育儿过程才能真正适合孩子那正在快速发育的大脑，帮助他们学会成长。

幼儿期也是培养孩子执行力的重要时期，而执行力正是成功人生所必备的最重要的技能。神经学家发现，执行力主要受控于那些幼儿期前尚未发育成熟的大脑区域。也就是说，幼儿期孩子的执行能力，将直接影响他们大脑中相应区域的发育程度。

而育儿的难点就在于，这些重要能力的培养，常会以父母所难以接受的形式实现。

一次在我们中心，正好赶上下大雪，快3岁的玛格丽特第一次看见大雪，兴奋不已。戴上连指手套的她跑进院子里抓雪，甚至还吃雪。妈妈很不喜欢她这样，觉得雪太脏了，于是一直试图阻止女儿，最后下了死命令："禁止吃雪！"我们建议这位妈妈可以暂时无视女儿的吃雪行为，或者在灌木丛上找一些干净的雪让女儿尝尝。可对方的回答是："坚决不行！"玛格丽特的妈妈一直跟着女儿，不让她吃雪，甚至威胁女儿再这么下去，就要提前回到室内。

第二周，雪越下越多，我们找了些纯净的雪放在玩水的游戏桌上。孩子们都很喜欢在室内玩雪，因为不用戴手套就能感受到雪。玛格丽特的妈妈这时郑重地告诉老师："别让她吃雪。"到了下午，玛格丽特一点点靠近放雪的桌子，不仅兴奋地去玩雪，还不停地吃！其他孩子也会吃雪，但也只是吃一两口，而那天在当天来园的 12 个孩子中，只有玛格丽特在不停吃雪。看，施加控制的人一旦不在身边，孩子的行为就开始报复性地反弹。

就像我以前说过的，父母只有先理解孩子所处的发展阶段，先了解孩子此时此地的感受，才能理解孩子的行为。幼儿期孩子的大脑还没发育成熟，他们的标签就是无邪和好奇，他们只关心自己，只想马上满足自己的意愿，他们的口头禅就是："现在！现在！就是现在！"父母必须要充分理解这些。

这么做，绝不是让父母纵容孩子的各种奇思异想，或让步于孩子每个心血来潮的意愿，而是要让父母了解孩子正在经历的东西。这样既可以让父母更能明白孩子为什么会那么说、那么做，又能让孩子有被人理解的感觉。

育儿，是一场面向未来的实验

育儿是一项面向未来的实验。

什么是实验，就是说，我们今天只能播下种子，却必须在若干年后才能看到开花结果，而总有些事情，是我们未知的，我们必须接受那些自己所无法预料的状况。

但作为父母，往往会没耐心将目光投向远方，我们习惯了只关注于此时此刻，我们担心如果不立即阻止孩子"不好的行为"，那就会开了先例。但什么叫"先例"呢？我经常听到父母这样说："如果我现在允许他这么做，就等于开了先例，以后我都得允许他这么做。"而这种假设，会让父母无比担心、害怕和失望。

我们为什么会这么害怕，会如此担心今天的一次未加阻止，会影响孩子的整个人生？因为在我们的概念里，人的成长就像是一条直线，这一步连着下一步，这一分钟决定下一分钟。

听起来这似乎没什么错，成年人通常都很认同这样的逻辑，但如果所有事情都是如此，我们也就没有必要在这里讨论育儿问题了。因为这意味着所有人都能按照一模一样的路线去生活，只要现在大家做一样的事，以后就会收获一样的果。

　　而生活，并非总会和我们预料的一个样，尤其是在个人成长这个问题上，恰恰不可能一条路走到底，每个人的状态都是迂回的、动态的、互动的，总是取决于环境的发展。正如前面所说的，先天后天不是非此即彼的关系，而是相辅相成的关系，而人的发展就是先天后天复杂交互作用的结果。

　　人的发展不是一条直线，不像搭积木那样，搭好这一块再搭下一块。相反，人的发展规律更像是进两步再退一步甚或三步这样的过程，充满了变数。举例来说，3 岁的小男孩刚学会了睡大儿童床，但几个月前就会上厕所的他却第一次发生了意外。再举个类似的例子，4 岁的小女孩虽然能安心上幼儿园了，入园时不再有任何问题，但却在晚上睡觉时开始了夜哭。又比如，有位父亲这样说："我曾经很希望他喜欢上幼儿园，很希望他在我送其上幼儿园时别再哭了。现在他倒是能高兴地跑进幼儿园了，但却在家里到处颐指气使，什么都要听他的！"没有什么是固定的，尤其是对于幼儿期的孩子来说，他们时刻都有可能反复，都有可能给父母一个意外的打击。

　　现实中，父母可以树立权威，但不能要求孩子必须按照我们期望的步骤去成长，父母只有理解了引导孩子的最佳方式，才能让孩子成为真正的自己。那么，究竟应该如何引导呢？

　　下面是我所谓的"成功育儿的 15 要素"，而我在本书中也已经或明确或隐秘地提到过它们。这里再次列出这个清单，是因为我相信，现在大家应该能真正体会到如何将这些育儿要素运用于自身、孩子及整个家庭。

1. 坚持和孩子在一起。父母要经常去主动观察孩子，并问一问自己"我的孩子正在经历什么？""他对此有什么看法？""他喜欢这个吗？"之类的问题。只有这样，父母才能搞清楚自己应该做什么。

2. 要有幽默感，要经常开怀大笑。幽默感和大笑声对严肃的育儿很有好处。我现在如此肯定这一点，是因为我在生活中就亲手抚育大了三个孩子，也就是说，我在家陪着孩子们度过了十多年的幼儿期，那段时期既令人疲惫又令人振奋，既充满乐趣又充满挑战。幽默感不仅能帮助父母挨过那些难熬的每分每秒甚或日日夜夜，而且能让为人父母变成一件乐事。父母越是顺其自然，越是笑着呼应孩子甚至拒绝孩子，孩子就越能接受甚至是享受。

3. 通过树立规矩，让孩子学会应对改变。父母不要低估常规的重要性和必要性，有规律的常规，可以发展出灵活性和适应能力。要想让孩子越来越灵活，那就尽可能少改变甚至不改变任何东西。虽然听起来很矛盾，但事实就是这样。

4. 要允许孩子依靠父母。这不属于过度育儿，而是说父母应该认识到：孩子越是离开我们、越是外出探险，他们也就越是需要我们。现在的依赖会成就未来的独立。父母现在要允许孩子黏着自己，要能够响应孩子的需要，这样才能成就孩子未来的独立。因为不管孩子长得多大、走得多远，他们都需要知道自己可以依赖父母，父母是自己的靠山。在此期间，父母要注意平衡：一方面要给孩子自由，另一方面时刻要支持他们。

5. 要让孩子自己解决手足之间的问题。孩子会手足相争，但他们越讨厌彼此，也就越喜欢彼此。兄弟姐妹在一起长大，他们分享着自己的父母和过往的历史，这是手足之情的根本所在。然而，基于同样的原因，手足之间也会嫉妒甚或怨恨。也就是说，手足之间自然会又友爱、又嫉妒。孩子通过这样的感受，学会找到自己在家庭中的位置，学会解决彼此之间的冲突。父母一旦干涉，难免有所偏袒，而这会破坏手足之间的那种特殊联结。父母要允许孩子表达出彼此之间的嫉妒和冲突，要相信不管兄弟姐妹之间有多大的差异，他们也会最终在人生中拥有彼此。

6. 放弃所谓的完美。完美是一种幻想，而生活则充满了烟火气。父母要允许孩子犯错，要记住，缺点、过失乃至错误都是孩子不可或缺的组成部分。人性无所谓完美，孩子发展无所谓完美，成长也无所谓完美。请做一个适度育儿的父母，孩子通过犯错、试错才能前行。

7. 育儿要顺其自然，切忌指手画脚。父母如果事无巨细地什么都管，如果一切都替孩子代劳了，那么孩子的无助感就会油然而生。如果父母寸步不离，反而会让孩子萌生不安全感，而不是安全感！我们一旦说出所谓"正确的做法"，孩子反而会缺乏自信，质疑自身，不再信任自己的判断。育儿的主导思想应该是，既要给孩子提供再三试验的空间，又要在进展困难时安慰孩子，让孩子重拾信心。

8. 设定界限，施加约束。父母要告诉孩子约束是什么，这样孩子才知道什么时候该停止，才有被人照顾的感觉。父母要施加合理的约束，比如："我们都是坐着吃饭的，如果你跑来跑去，就不能再吃饭了。"又比如："你可以把球扔到框里，但不能扔到别人身上。"这样孩子才能放开胆子地去探索、去找寻答案。

9. 放任孩子去游戏。要让孩子自行游戏，父母尽量不去干涉。父母只负责建立安全的室内或室外环境，而孩子的天性就是游戏。游戏就是学习，学习就是游戏，为此，父母要放任孩子自行去游戏，让孩子自己决定玩什么、怎样玩。

10. 暂缓表扬孩子。有时候，表扬不一定是好事，我们应该让孩子自行享受属于他的成功。如果我们动不动就给孩子过分的褒扬，其实仍然是在控制孩子的行为，诱导他们做一些能让我们高兴的事。这么说，亲子之间就无法共享天伦之乐了？绝非如此。父母可以和孩子一起欢笑。比如刚刚在游乐场学到新技能的孩子高兴地奔向父母时，亲子之间可以相拥庆祝。这么做既不会剥夺孩子的成就感，又能和孩子一起体会喜悦和成就。

11. 孩子可以无所事事。父母应该给孩子留下大量不作安排的时间，让孩子有时间去好奇，去四处看看，去满足天生的好奇心，去用自己的方式搞清楚自己是谁、自己又喜欢什么。幼儿期的孩子需要大量未作安排的时间，只有这样，才能让他们有时间去游戏，而多数幼儿的学习恰恰源自于游戏。

12. 要减少过细的规则。规则越多，抗争越多，不过，要是没有大量的规则，规矩又从何而来呢？我是这么看的：父母通过建立常规、创设环境给幼儿提供了一个框架，这个框架是一幅蓝图、一个大纲、一张路线图。孩子需要好的路线图，但父母不应该手把手地教孩子怎样一步步做事，相反，父母应该先给孩子搭建一个空间，再给孩子设立原则和约束，使得孩子既不会没有选择，又不能随便胡来。

13. 先让孩子有自私的机会，然后才会获得无私的能力。分享不能急于求成，这可能是父母最难掌握的育儿要素之一。先自私、后无私的想法挑战了成人重视的一切，父母都希望自己培养的孩子既能照顾好自身，又能友善待人、慷慨大方。为此，孩子必须先走好第一步，即，孩子先要发展出自我意识，先要有被人照顾的感觉；然后，他们才能注意到他人的需要，才能友善待人、乐善好施。

14. 接受孩子的一切，甚至你不喜欢的那些部分。永远不要羞辱孩子，每个人都有好的地方，也都有坏的地方，这是人类的特点之一，不管是大人还是儿童都是如此。孩子需要知道自己的所作所为、想法和情绪等既有好的地方，也有不好的地方，知道这就是真实的自己，同时需要知道即便如此，父母还是自始至终都爱着自己！

15. 帮助孩子应对消极事物，父母的职责并不是让孩子快乐。实际情况是：任何父母都无法保证其孩子会永远快乐。孩子通常自己知道怎样才能快乐，但并不太擅长如何应对困难，而父母的职责正在于此。父母要支持孩子应对生活中的消极事物，比如那些失望、否决、错误、低潮、消极情绪等。这是父母能送给孩子的最大礼物——使其具有应对消极事物的能力。孩子只有直面人生的所有浮沉，才能走在通往幸福的大道上。

送给父母的最后几句话

幼儿期，究竟是一个什么样的存在呢？

在幼儿期，孩子时刻都需要知道自己有人爱，知道自己能依赖父母风雨同舟。同时，他们也在努力搞清楚自己到底是谁，努力获得独立性。幼儿期的孩子要面对身体的发育，更要面对情绪的侵袭，要经历过渡，要面对分享，还要从错误中不断学习如何前行。

幼儿期，可以说是孩子成长过程中最具挑战的一个时期，在这个时期，孩子脱离了婴儿期完全依赖我们的模式，他们开始经历无数个具有里程碑意义的第一次，开始试着走进成人的世界，开始面对复杂的情绪，学习很多与未来息息相关的技能。幼儿期的孩子，就像是刚刚萌发的嫩芽，娇弱但却欣欣向荣。

孩子奋力学习着成长，而父母们也在拼尽全力，并且深感育儿真的不是一件简单的事。父母为了孩子投入了一切，但是却只有在若干年后，才能看到结果，也正因此，我们的每一步才走得这么小心翼翼，生怕一着不慎，耽误了孩子的未来，生怕没有了扭转局面的机会。

这条育儿之路，没有中场休息，没有重新再来，我们能做的，只有陪着孩子一起走下去，直到他们可以松开我们的手，成为一个独立的人。尽管这一路走得不容易，但这也是父母这个身份赋予我们的财富，我们体会着为人父母的幸福，体会着孩子成长的喜悦，体会着错误的价值和力量，体会着理解的意义和影响，体会着坚韧和耐心的分量，孩子在成长，我们也一样。在成为父母前，很多事情我们并不了解，但在成为父母后，我们却终于明白了这些特质的重要，并学着让自己更加强大，以便成为孩子的依靠和后盾。

可以说，孩子的存在，丰富了我们的人生，更丰满了我们的人性。

我们变得柔软，变得包容，我们开始俯下身，站在孩子的角度去打量这个奇妙的世界，并且感知着孩子的各种感受，体会着孩子的需要。我们明白了，我们必须要尊重孩子的意愿，用他们想要的方式，陪着他们一起成长，而并非一厢情愿地把孩子塑造成我们想要的样子。

孩子有权拥有属于他们自己的人生，也必须拥有属于他们自己的人生；孩子可以不成为完美的人，但应该实现真正的自己；孩子可以达不到传统意义上的功成名就，但要学会成功征服人生的起伏。我们在今天和他们一起播下的所有种子，都是为了他们有朝一日，可以拥有独行的能力。

我们终究无法陪孩子走过他的一生，但我们却可以在此刻给他最好的陪伴和扶助。这或许，才是为人父母者，所能给孩子的最真挚的祝福。